문장, 고민하다 2

문장, 고민하다 2

초판 1쇄 2025년 2월 20일

지은이	권소윤, 김서영, 김현서, 나소윤, 박수민, 박지안, 이정민, 이채현, 강상준
엮은이	강상준
발행인	한향희
발행처	도서출판 빨강머리앤
출판등록	제25100-2005-28호
주소	대구광역시 달서구 문화회관길 165, 대구출판산업지원센터 411호
전화	(053) 257-6754
팩스	(053) 257-6754
이메일	sjsj6754@naver.com

ⓒ 강상준, 2025

*이 책은 저작권법에 따라 보호받는 저작물이므로 무단복제를 금합니다.
*이 책 내용의 전부 또는 일부를 이용하려면 반드시 저작권자와
 빨강머리 앤의 서면 동의를 받아야 합니다.

문장, 고민하다 2

도원중학교 인본주의

뿌글갱머리앤

머리말

왜 하필 문장인가

 "생각이나 감정을 말과 글로 표현할 때 완결된 내용을 나타내는 최소의 단위." '문장'이라는 단어를 국어사전에서 찾으면 이렇게 설명한다. 그러니까 사람은 문장 단위로 생각하고, 문장 단위로 의사소통을 한다. 그렇다면 문장에 담긴 의미를 곱씹어 보면 언어나 생각을 다룰 때 많은 도움이 될 것이다. 그리고 생각을 잘 다루게 되면 성찰 능력이, 의사소통을 잘 하게 되면 공감과 소통 능력이 향상될 것이다. 2019년에 근무하던 중학교 1학년 학생들과 이런 생각에서 출발해 《문장, 고민하다》를 만들었다.

 수업 시간 중에 한 번씩 학생들에게 질문을 한다. 너희는 국어를 왜 배우는 것 같니. 그러면 학생들은 대답이 대부분 비슷하다. 시간표에 있으니까. 시험을 치니까. 성적을 잘 받아야 하니까. 부모님께서 공부하라고 하니까. 그러다가 가끔 마음에 드는 답도 나온다. 국어를 더 잘하려고. 그러면 국어를 더 잘하면 무엇이 좋을까.

많은 언어학자들이 언어가 인간의 사고에 영향을 미친다, 또는 인간의 사고가 언어에 반영된다고 말했다. 사고와 언어의 영향 관계에 대해 이견이 있을 수 있지만, 둘이 밀접한 관련이 있다는 것은 공통된 의견이다. 우리의 사고는 우리가 쓰는 언어를 결정한다. 그리고 우리가 쓰는 언어가 우리의 사고와 세계관을 결정한다.

국어를 더 잘하면 무엇이 좋을까. 우리의 사고가 좋아진다. 다시 말해 생각하는 힘이 길러진다. 생각하는 힘이 길러진다는 것은 사고력의 최상위 영역인 자신을 성찰하는 힘이 길러진다는 것이다. 성찰하는 힘이 길러진다면 우리는 적어도 사회에 해를 끼치지 않는 사람이 될 수 있다. 다른 사람에게 불쾌함을 선사하는 사람이 되지 않을 수 있다. 조금 더 나은 사람이 될 수 있다. 그래서 학생들이 국어를 더 잘했으면 좋겠다. 국어를 더 잘하려면 결국 문장 단위에서 타인의 생각을 읽고, 자신의 생각을 표현하는 데 능숙해져야 할 것이다.

  책쓰기 동아리 1년 활동하면서 여기 글을 싣게 된 8명의 학생들은 알게 모르게 자신의 국어 능력이 향상되었을 것이다. 조금 더 다른 사람이 표현한 문장에서 타인의 생각을 읽는 능력을 길렀을 것이고, 조금 더 자신의 생각을 완결된 문장으로 조리 있게 표현할 수 있게 되었을 것이다. 앞으로도 자신을 잘 성찰하며 좋은 사람이 되었으면 좋겠다.

2025년 1월의 어느 날
기획자 강상준

차 례

머리말

권소윤의 문장들	09
김서영의 문장들	37
김현서의 문장들	51
나소윤의 문장들	87
박수민의 문장들	105
박지안의 문장들	131
이정민의 문장들	153
이채현의 문장들	179
강상준의 문장들	201

저자 소개

에필로그

권소윤의 문장들

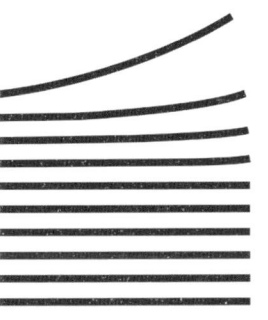

예전에는 남들과 같아서 싫었는데, 지금은 남들과 같지 않으면 불안해서 견딜 수 없다.

_ 고사카 루카, 《남은 인생 10년》, 모모, 2007., 58쪽

저는 가끔 그런 기분이 듭니다. 여긴 내가 있어야 할 곳이 아닌 것 같아 남들과 동떨어져서 나 혼자만 여기 붕 떠있는 느낌. 그럴 때마다 남들과 비슷해지고 싶어서 더 초조했습니다. 혼자서 이방인이 된 느낌을 받고 싶지 않았습니다.

그리고 저는 감정 표현을 확실하게 하지 못합니다. 제가 서운하다고 하면 너무 속 좁아 보이는 것 같고, 슬프다고 하면 너무 유난을 떠는 것처럼 보이는 것 같아서 주변 사람들에게 하고 싶은 말을 잘 못합니다.

어릴 때는 그래도 꽤 활발했고 무엇이든 표현을 확실하게 했던 것 같습니다. 행동도 적극적이었습니다. 그런데 어느 날부터인가 저와 친하게 지내는 사람들은 저와 달리 표현을 확실하게 하거나 행동을 적극적으로 하지 않는 것 같은데, 저만 다른 사람들과 다르게 하면 안 될 것만 같아서 제 성격과 다르게, 주변 사람들과 비슷하게 살려고 노력한 적이 있습니다.

예를 들자면, 제가 초등학교 다닐 때, 저와 같이 다니던 무리는 발표도 잘 안 하고, 많이 조용했습니다.

하지만 전 활발했죠. 그 아이들과 다니면 저만 튀는 것 같았습니다. 이방인이 된 기분이었죠. 저는 이 무리가 저와 안 맞는다고 생각했습니다. 하지만 그것을 깨달은 것은 고학년, 저와 성향이 맞는 다른 애들과 친해지려고 해도 같이 다니는 무리가 확실해졌을 때였습니다. 그래서 어느 순간부터 저도 같이 다니는 무리의 아이들처럼 발표도 잘 안 하고 밖으로 나가 노는 것도 별로 하지 않게 되었죠.

하지만 중학교에 와서 다른 아이들을 보면서 깨달았습니다. 세상엔 다양한 사람들이 있다고 말이죠. 그리고 다른 아이들과 같이 지내보면서 깨달았습니다. 사람들은 자기와 맞는 사람들과 놀아야 한다고 말이죠. 중학교에 입학한 이후로 초등학생 때 같이 다니던 그 아이들과 노는 빈도가 점점 줄어들었습니다.

저는 굳이 저와 맞지 않는 부류의 사람들을 만나서 어울려야 하는 이유는 없다고 생각합니다. 당연히 성향이 다른 사람들과 많이 만나보는 것도 중요합니다. 그러다가 제가 발견하지 못한 저의 모습을 볼 수도 있고, 좋은 모습이라면 닮아가면서 제가 더 성장할 수도 있지요. 하지만 다르지 않아서 마음이 놓이는, 나와 비슷한 사람들과도 어울리는 것도 좋다고 생각합니다.

힘들면 포기하는 것도 방법이다.

_ 천선란, 《천 개의 파랑》, 허블, 2020., 351쪽

저는 되도록이면 포기를 잘 하지 않습니다. 처음 시도했을 때 되지 않았다면 최소 두 번은 더 해보고 포기하는 편입니다. 포기하지 않고 조금 더 노력해 보는 것이 미래의 내가 살아가기에 좋은 영향을 주지 않을까 하는 생각 때문입니다.

하지만 포기를 잘 하지 않고 더 노력해 보는 것은 학원이나 학교에서만 해당되는 이야기이고, 개인적인 일은 포기를 잘 합니다. 그 예로 2024년 11월부터 쓰기 시작한 일기가 있습니다. 처음에는 그날 제 주변에서 일어난 일을 세세하게 적다보니 글도 길었고, 내용이 풍부했습니다. 한 일주일이 지나서도 글을 길게, 내용을 풍부하게 쓰는 제 자신이 자랑스러웠습니다.

그렇게 '나는 글쓰기의 신이다'라는 마인드로 계속 쓰다가 딱 하루 빼먹었는데, 그 사실을 다음날 밤이 되어서야 알아차려 버렸습니다. 그날은 그 전날의 일기까지 적으니까 너무 시간도 오래 걸리고 자세하게 적지도 못해 아쉬웠습니다. 다음날부터는 절대 빼먹는 일 없게 하겠다고 다짐했지만 결국 몇 주 후 제 다짐은 와르르 무너졌습니다.

바로 일주일치 일기가 밀린 것입니다. '이건 절대 기억 못한다, 내가 당장 어제 일도 기억이 안 나는데 일주일 전 일기를 어떻게 쓰냐.' 하는 생각으로 그냥 일기장을 고이고이 제 서랍장 깊숙이 넣어놓고는 이제 일기장의 얼굴을 안 본지 한 달이 다 되어갑니다. 그렇게 일기를 쓰겠다는 제 목표는 다시 시도해 보지 않고 포기했습니다.

지금 다시 생각해보면 일주일이 밀렸을 때 포기하지 않고 그날부터 다시 쓰기 시작해도 나쁘지 않았다고 봅니다. 예전에 초등학교 1, 2학년 때의 기억이 진짜 누가 지우개로 지워놓은 것처럼 하나도 생각이 나지 않아서 골치가 아팠던 적이 있었는데, 그때를 생각해보면 못 적은 날이 있어도 기록이 남아 있다면 좋았겠다는 생각이 듭니다. 중학교 1학년 시절의 일기도 나중에 고등학생이 되거나 성인이 되어서 읽어 보면 그때의 추억을 떠올릴 수 있고 잊었던 기억도 다시 떠올릴 수 있을 것 같아 재미있을 것 같거든요. 그래서 2025년이 되면 열심히 다시 쓰려고 준비하고 있습니다.

힘들면 포기한다는 선택지만 있는 것은 아닙니다. 열심히 더 노력한다든가, 조금 쉬면서 천천히 다시 시작해도 괜찮습니다. 계속 끊임없이 노력한다는 것이 말로만 쉽지 실제로는 어렵다는 것을 알고 있습니다. 그래도 포기만큼은 안 하려고 노력합니다. 포기를 하지 않으면 조금이라도 나에게 도움이 될 것 같으니까요.

포기는 배추 셀 때만.

나를 미치게 만들었던 건 내가 아무것도 알지 못하고 있다는 사실이었다.

_ 미카엘 올리비에, 《나는 내가 누구인지 말할 수 있었다》,
 바람의 아이들, 2009., 33쪽

내 삶의 큰 비중을 차지하고 있던 사람이 나를 배신한다면 어떨까요? 전 그랬던 적이 있습니다. 내 미래에 무조건 포함된 사람이 정말 제게 상처가 될 행동을 했던 적이 있습니다.

전 친구를 많이 사귀고 싶었습니다. 친구를 사귀려면 그 사람과 마음과 마음으로 통할 수 있어야 하죠. 그런데 우리는 모든 사람의 생각을 읽지 못합니다. 그래서 사람들의 속마음을 읽을 수 있으면 좋겠다고 소원을 빈 적도 있었습니다. 지금 보면 터무니없는 소원이었지만, 전 정말 이루어지면 어떨까 하는 상상을 많이 했습니다. 특히 친구에게 배신을 당했던 그때요.

내 모든 것을 털어놨었던 친구가 제게 상처를 주는 행동을 하니 머릿속에 무슨 생각을 가지고 있는지 궁금한데 머리를 뜯어서 확인해 볼 수도 없는 노릇이니까 정말 미칠 것 같았어요. 분명히 우린 잘 맞고 힘들 때 서로의 옆에 있어 줬고, 같이 있으면 마음이 편안해지던 사이였는데 왜 이렇게 꼬여 버렸는지 모르겠습니다. 차라리 내가 그때 그 광경을 보지 않았더라면, 그냥 아무것도 모르고 그 친구랑 어색해질 일도 없을 텐데 하는 후회도 몰려들었습니다.

  하지만 멀어주고 보니 깨닫게 되었어요. 아, 이 애는 나 없이도 잘 먹고 잘 살 수 있구나. 이렇게 생각해 버리니 터질 것 같던 머리는 점점 덤덤해졌습니다. 이 친구가 내 인생에 없어도 내 인생이 잘 돌아갈 수 있다고 생각하니 오히려 제가 그 애가 뭐라고 지질하게 혼자만 많은 생각을 하고 있는지 의문이 들었습니다. 그냥 지나쳐 버리는 것이 아니라 몇 마디라도 해줘야 했는데 하면서 후회도 조금 했습니다. 정말 제 바람대로 아무것도 몰랐으면 전 그 애를 계속 가장 친한 친구로 두었을 테지요. 차라리 더 상처받을 바엔 지금 이렇게 얼굴 붉히는 일 없이 선을 긋는 게 나은 것이라고 생각합니다.

이 아이는 자라서 위인은 되지 못했지만, 벌레처럼 무시 당하는 일은 없는 어른이 됐다.

_ 권남희, 《귀찮지만 행복해볼까》, 상상출판, 2020., 98쪽

제 성적표를 보면 어머니는 저에게 말버릇처럼 이렇게 말하십니다.

"소윤아, 엄마가 원하는 것은 평균만 하는 거야."

제 생각도 비슷합니다. 제 꿈은 그저 중학교, 고등학교, 대학교 졸업하고 회사 취직해서 남들처럼 평범하게 살고 싶을 뿐입니다. 하지만 그렇게 하려면 최소한의 노력이 필요하겠죠. 조금 게을러지기도 해보고, 친구들과 노닥거리며 하루 종일 놀아보기도 하는 평범한 어른이 되기만 해도 위인이 된 것처럼 행복해질 것 같습니다. 인생 뭐 별것 있나요. 그냥 나 자신이 좋아하고, 재미있어 하는 것 하면서 행복하게 살면 되죠. 그런데 이렇게 말로 하면 쉽지만 실전은 다른 점이 있어요. 되고 싶은 모습이 되기 위해 조금이라도 노력하다 보면 고비도 있고 위기도 있어요. 하지만 고비와 위기도 지나고 보면 다 추억 덩어리더라고요.

5학년 때 영어 학원 숙제를 잠도 못 자고 열심히 했던 적이 있었는데, 그때는 너무 스트레스를 받고 그냥 안 하고 도망가고 싶다고 많이 생각했어요. 그때가 제 인생 중에 겪은 일 중에서 손에 꼽을 정도의 큰 위기가 아니었을까 하는 생각이 드네요. 그때는 정말 다크서클이 진하게 내려 있었거든요. 잠도 부족해서 성격도 조금 뾰족해지기도 했고요. 정신적으로 조금 불안정했어요.

사람은 위기를 겪어야지 행복을 알 수 있다고 생각해요. 위기도 못 느낀, 매일 행복한 사람은 그것이 행복이라는 것을 알 수 있을까요? 커서 위인이 안 되어도 괜찮아요. 자기가 느끼는 행복을 행복이라고 못 느끼는 사람이 안 되는 것만으로도 꽤 괜찮은 사람이 되었다고 생각합니다.

맑은 날만 계속되면 세상은 사막으로 변한다.

_ 이희영, 《페인트》, 창비, 2019., 200쪽

비가 오지 않으면 그 지역은 바삭하게 말라 버립니다. 매일 햇빛만 비추고 물을 마시지 못하기 때문에 식물들은 다 시들어 죽고, 결국엔 사막만 남겠죠.

전 이 문장이 우리의 삶과 관련되어 있다고 생각합니다. 인생에는 행복한 날만 존재할 수는 없어요. 행복한 날만 있는 삶은 진짜 비가 오지 않고 따뜻한 햇빛만 존재하는 지역인 것 같아요. 행복으로만 도배되어서 사는 것, 햄스터 쳇바퀴 굴러가듯 아주 똑같이, 한 치의 오차도 없이 사는 인생은 재미없잖아요? 조금씩 어려움도 있어야 그것을 극복하고, 또 지나서 돌아보며 추억하는 재미도 있을 것 같아요.

인생은 꼭 날씨 같아요. 햇빛이 쨍쨍한 날도 있고, 비가 추적추적 내리는 날도 있고 천둥 번개가 치는 날도 있어요. 그런 것이 다 모여서 지구의 밸런스가 맞춰지는 것이죠.

거짓이라도 상냥하게 대해주면 좋았을 것을.

_ 요시모토 바나나, 《하드 보일드 하드럭》, 민음사, 1999., 33쪽

세상에는 나쁜 거짓말만 있는 것이 아닙니다. 선의의 거짓말도 있습니다. 아이들이 산타가 있냐고 물어보면 다들 어떻게 하시나요? 보통은 아이들의 동심을 지켜주기 위해서 있다고 선의의 거짓말을 합니다.

저는 그런 적이 많습니다. 예를 들어 친구들과 함께 놀러 나갔는데, 점심 메뉴를 정할 때 전 제가 별로 좋아하지 않는 음식이라도 그 친구들이 너무 먹고 싶어 하면 그냥 좋아한다 말하고 같이 먹습니다.

인간관계에서는 진실된 말과 태도도 중요하지만 조금씩은 배려의 거짓말도 필요합니다. 진실은 가끔 너무 무겁습니다. 가끔은 친구가 날카로운 진실에 상처를 입었을 때, 상냥한 거짓말로 위로하기도 합니다.

아무 생각 없이 빈 마음으로 자연을 대하고 있으면, 그저 넉넉하고 충만할 뿐 결코 무료하지 않다.

_ 법정, 《봄 여름 가을 겨울》, 이레, 2001., 25쪽

2주 전 토요일과 일요일 통째로 진짜 아무것도 하지 않아 보았습니다. 토요일에는 아무 생각이 없었습니다. 그저 월, 화, 수, 목, 금요일을 잘 버텨 준 나에게 조그만 보상을 주는 것이라 생각하고 침대에서 뒹굴뒹굴, 빈둥빈둥대며 낮잠이나 푸욱 시원하게 잤습니다. 괜찮아, 나에게는 아직 일요일이라는 것이 남아있으니까 하고 말이죠.

　그렇게 일요일이 되고, 전 굉장히 후회했습니다. 아, 토요일에 해놓을 걸 하고 말이죠. 생각은 그렇게 하면서 막상 몸은 침대 위에서 좋아하는 아이돌 직캠이나 검색하고 있었습니다. 일요일 밤이 되니까 정말 현타가 왔습니다. 하지만 이미 늦어서 제가 토요일이 오기 전부터 했던, 아니지 토요일 밤에라도 일요일에 무엇을 할지 세웠던 계획들은 모두 다 산산이 부서졌습니다. 그리고 전 깨달았습니다. 전 5일을 열심히 살고 2일은 정말 쉬어야 한다는 것을요.

　지난주 주말에 급하게 부산에 내려가게 되었습니다. 밤인데도 저는 주중에 이것저것 하느라 꽤 피곤했는데, 언니와 동생은 지치지도 않는지 재미있게 바다를 구경했습니다. 그러고 나서 일요일에는 부산에 있는 카페도 가고, 회도 먹었습니다. 그렇게 신나게 놀고 집에 돌아와 보니 정말 정신도 하나도 없고 몸이 녹초가 된 듯 힘들었습니다. 월요일에는 그냥 힘들어서 학교에서 쉬는 시간에 잠이나 푹 잤습니다.

그런데 그 주 화요일은 학교에서 놀이공원에 가는 날이었습니다. 이미 주말에는 푹 쉬지 못해 컨디션도 좋지 않았지만, 꿋꿋하게 8시까지 놀았습니다. 살면서 공짜로 놀이공원 가 볼 날이 얼마나 있겠어요. 뽕 제대로 뽑으려고 했지만, 컨디션 때문에 제대로 놀지 못한 것 같아 아쉬운 마음이 있었습니다.

저는 주말에 쉬는 것이 몸의 에너지를 충전하는 것과 같습니다. 그러므로 전 절대 절대 주말에 빈둥거리며 쉬는 것이 무료하지 않죠.

이해 받으려면, 내가 먼저 상대에게 귀 기울여야 한다.

_ 조신영, 박현찬, 《경청》, 위즈덤하우스, 2007., 197쪽

경청은 백 마디 말보다 강하다는 말이 있습니다. 저는 말하기도 중요하지만 그만큼 경청하는 것도 중요하다고 생각합니다. 그런데도 사람들이 듣는 것보다 말하는 것을 좋아하는 이유는 상대방에게 이해받고 싶어 하는 욕구가 있기 때문이라고 생각합니다.

어릴 때 사소하게 친구와 다툰 적이 있었습니다. 그때는 친구가 하는 말도 안 듣고 그냥 소리만 빽빽 질렀는데 지금 보니까 그렇게 행동한 것이 후회가 됩니다. 제가 그때 제 말만 하지 않고 그 애 말도 들어봤더라면, 그 애도 제 말을 더 진지하게 들어줬을 것이고, 그러면 우리 둘은 그렇게까지 싸울 일은 없지 않았을까 하고 말이에요.

결국 화해는 했지만 제가 조금 더 경청했더라면 그 친구와 더 빨리 화해했을 것입니다. 자기 자신이 상대방의 말에 경청을 하지 않으면 상대방도 자신에게 경청을 해주지 않습니다. 소중한 관계에선 경청이 꼭 필요합니다.

남에게 도움을 바라지 말라.

_ 정약용, 《유배지에서 보낸 정약용의 편지》, 보물친구, 2015., 28쪽

저는 잘 덤벙거립니다. 숙제를 까먹는 것은 기본이고, 과제 제출 기한까지도 잘 기억을 못해 꽤 자주 친구에게 물어봐야 합니다. 5, 6학년쯤에 친구들과 놀이공원에 가기로 한 날이었는데, 9시쯤에 만나기로 했지만 놀이 공원 가기로 한 것을 잊고 실컷 자다가 10시에 일어났습니다. 친구들에게 온 부재중 전화 표시와 문자메시지 표시가 알림 상태창을 다 채우더군요. 연간 회원권을 끊어놔서 티켓값을 버리지는 않았지만, 친구들에게 너무 부끄러웠습니다. 어떻게 늦잠을 자서 놀이공원 가는 것에 늦다니! 중학교에서 새로 사귄 친구들에게 이런 제 상태에 대해 말해주니 이해할 수 없다는 눈빛으로 쳐다보았습니다.

물건도 되게 잘 잃어버리고 어디에다 뒀는지 기억도 잘 못해서 그런 물건이 있었는지도 까먹는 것이 일상입니다. 그래서 전 저와 함께하는 친구들이 꼭 필요합니다. 이제 초등학생도 아니고 중학교 1학년, 벌써 열네 살인데 이런 것 하나 못 챙기고 다니니까 제 자신이 너무 한심해 보였습니다. 아무리 고치려고 해도 마음대로 되지가 않았어요. 언제까지 이렇게 남의 도움만 받으면서 살 수는 없는데 자꾸 까먹으니까 너무 슬펐어요. 그래서 저는 메모하는 습관을 들이려고 노력하고 있습니다. 노력하면 안 되는 것이 없으니까요!

김서영의 문장들

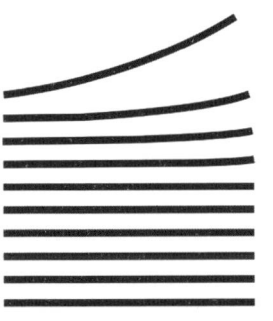

이유가 있어서 사람을 사귀면 따돌리는 때에도 이유가 있다고 말할 수 있게 돼.

_ 박서련, 《고백루프》, 창비, 2024., 31쪽

나도 초등학교 4학년 때 오래는 아니지만 몇 시간 정도 단톡방에서 따돌림을 당한 적이 있다. 물론 몇 시간밖에 안됐지만 그때는 어려서 그 짧은 시간에도 수많은 무서운 생각이 들었다. 그래서 그런지 이 문장을 읽었을 때 그 4학년 때가 기억났다. 4대1로 당했는데, 지금 그 당시 나를 돌이켜 보면 단톡방에서 따돌림을 당하면서 얼마나 힘들었을까 하는 생각도 들었다. 그때 잘못한 것도 없는데 당당하게 말하지 못한 것, 그래서 느낀 수많은 감정이이 그대로 새록새록 떠오르고, 느껴졌다. 눈물도 좀 났다.

시간이 지나 《고백루프》 읽으면서 생각해 보니까 분명 그때 단톡방에 있던 네 명과도 엄청 친하게 지냈었는데 내가 그렇게 당할 만한 이유가 있었을까 하는 생각이 들었다. 그들이 나랑 친해질 때 친해질 이유가 있었다면, 나한테 그런 짓을 할 때도 그럴 만한 합당한 이유가 있었을까 여러 가지 생각이 들었다.

나는 평소에 조금의 편견이 있었다. 누군가를 괴롭히는 가해자들 중 일부는 그럴 이유가 있을 수도 있겠지만 대부분은 특별한 이유 없이 피해자를 괴롭힌다고 생각했다. 그런데 이 문장을 읽고 생각이 달라졌다.

꼭 괴롭히는 이유가 있을 것이다. 보통 "그냥 괴롭혔어요.", "장난인데요, 뭘." 이렇게 대답하는 경우가 많은 것 같은데 그렇게 말해도 그들의 마음속에는 분명 어떤 이유가 있을 것이라고 생각이 바뀌었다. 책에서 '원따(원래 왕따)'가 이 말을 했는데, 뒤에 나오는 내용에 이 말을 들은 주인공이 어떻게 반응하고, 생각하며 행동할지 궁금하다.

지금까지 엄청나게 잘 기억나지 않아도 걔네가 했던 말이 몇 개 생각난다. 그 말이 지금 생각하면 유치할지 몰라도 들었을 당시에는 그 말들 때문에 마음의 상처도 생기고 아주 힘들었다. 그 일 이후 비슷한 일이 일어나거나 목격하면 당당하게 나서진 못해도 조금씩 문제제기를 하거나 맞서는 말을 했지만, 4학년 때 겪은 일이 기억에 아직도 남아 있어서, 문제제기를 하는 것이 좀 힘들었다. 그렇지만 이 문장에서, 다른 사람은 어떻게 느꼈을지 모르겠지만 나는 엄청 많은 것을 깨달았고, 마음에 들었다.

그저 고생했다 말해 주는 게 아버지의 방식이었다.

_ 박서련, 《고백루프》, 창비 2024., 38쪽

얼마 전에 처음으로 시험을 쳤다. 중간고사를 쳤는데 공부해서 쉽게 느껴지거나 수월하게 풀 수 있던 문제가 많았지만, 생각보다 성적이 안 나와서 좀 속상했다.

그런데 아빠가 성적을 보면 나에게 항상 "네가 공부한 만큼 성적이 나오는 거야.", "그럼 더 공부해야지.", "네가 공부를 안 한 거야." 등등 나도 안 깎아내리는 내 자존감을 깎아내리는 말씀을 하신다. 나도 내가 할 수 있을 만큼 최선을 다해 노력한 것인데, 그런 말을 들을 때마다 너무 속상하고 단어 하나하나가 마음의 상처로 남았다.

내가 생각해도 언니는 나보다 공부를 잘한다. 이번 시험도 다 A였던 것 같다. 그래서 나는 언니와 어릴 때부터 비교를 많이 당하면서 컸다. 언니는 어릴 때 예쁘고, 마르고, 공부도 잘하고, 똑똑한데 예의도 바르다고 인기도 많았다. 그에 비해 나는 언니보다 잘하는 것도 없었고, 외모도, 공부도 뛰어나지 않았다. 그래서 언니가 항상 부럽다는 마음을 가지고 살았는데 저 문장을 보니까 좀 공감이 많이 되면서 서러운 마음이 들었다.

아빠는 나와 언니를 많이 비교했다. 난 매일 놀러 가고 언니는 공부한다고 말이다. 지금 살고 있는 동네로 이사를 오고 나서도 언니는 공부한다는 이유로 아빠가 언니 방은 내 방보다 더 좋은, 혼자 쓰는 방을 만들어 주셨고, 나는 동생이랑 같이 방을 쓰게 하셨다. 이런 식으로 언니보다 좀 못한 대접을 받거나, 언니와 나를 비교하는 말을 들을 때마다, 솔직히 나는 좀 속상하다. 아빠는 T라서 말을 할 때도 그냥 '이런 말로 상처를 받겠어?' 이런 식으로 생각하는 것 같다. 엄마도 똑같다.

그냥 우리 가족은 학교 시험 성적만 중요하게 보는 것 같다. 우리 집은 다른 아이들이 못 따라잡을 정도로, 다른 아이들이 부러워할 정도로 공부를 잘하길 원한다. 언니는 몰라도 나는 매우 활동적이라서 밖에 나가는 것을 좋아한다. 그래서 그냥 우리 가족들은 내가 무조건 나가서 집에 없는 줄 알기도 하고, 만약 집 밖으로 안 나가면 마냥 신기해 한다.

버킷리스트가 있다면 그중 하나는 아빠한테 제일 다정한 말 들어보는 것이다. 아빠한테 다정한 말을 못 들은 것이 너무 서럽다. 나는 아빠 딸이 아닌가 하는 생각도 했다. 그래도 엄마는 아빠만큼 차갑게 나를 대하지는 않는다. 그래서 아빠가 해주는 다정한 말이 더 듣고 싶은 것 같다.

뻔한 말보다는 그냥 고요 속에서 옆에 있어주고 손 한번 꼭 잡아주는 게 오히려 위로가 되었다.

_ 씨씨코, 《내가 같이 뛰어내려 줄게》, 다산북스, 2024., 159쪽

내가 힘들 때 옆에 있어 줬던 친구들이 있었다. 솔직히 힘들 땐 울기도 하고 친구들에게 기대기도 했는데 그 행동이 도움이 되었는지는 솔직히 잘 모르겠다. 그래도 그런 친구들 속에서 제일 나를 잘 알고 이해해 준 친구는 딱 한 명이 있다.

나는 초등학교 때 위로를 받기보단 위로를 해주는 편이었다. 그래서 내가 힘들어도 친구가 힘들어하면 친구를 먼저 위로해 주기 바빴고, 정작 나는 제대로 위로를 받아 본 적은 거의 없었다.

그러다가 중학교 올라오고 제대로 내가 힘들 때 나를 위로해 준 친구가 있었다. 걔랑 친해지고 서로에게 기댈 수 있는 존재가 됐다는 생각이 들 때쯤, 서로 고민을 털어놓다가 그 친구에게 사람이 해 주는 위로라는 것을 처음 받아봤다. 물론 엄청 거창한 위로는 아니었다. 그저 괜찮냐고. 울지 말라고. 이런 식의 누구나 할 수 있는 작은 위로였지만 나에게는 엄청나게 크게 와 닿았다.

그날 그 친구에게 내가 가진 고민을 다 털어놓고는

말했다. 너에게 위로받는 것이 나에게는 인생에 있어서 처음 위로받은 것이라고. 그러자 그 친구가 나에게 말했다.

"니 걱정은 내가 해줄게."

이 말을 듣고 진짜 애랑은 친해지기 잘했다는 생각부터 여러 가지 생각이 들었다.

그래서 나는 이 문장이 너무 좋았다. 그 친구가 다른 사람을 위로한답시고 누구나 할 수 있는 뻔한 말을 했지만, 내가 힘들 때마다 조용히 내 옆에서 내 이야기를 들어주며 그 뻔한 말로 나를 위로해 줬다. 이후 그 친구 말고도 나를 위로해 주는 친구들은 많아졌다. 그리고 나도 예전에 내 친구가 울고 있을 때 옆에 가서 말 없이 조용히 안아준 적도 있었기에 이 문장에 조금 더 마음이 가게 된 것 같다.

나는 꼭 위로라는 것이 거창하게 장문의 편지나 메시지를 써 주면서까지 해주는 것만이 아니라고 생각한다. 보통 주위 애들을 보면, 위로해 주면서 엄청 길게 이야기를 나누거나 장문의 메시지, 편지를 주기도 한다. 그런데 나는 위로를 해 준다면 그냥 옆에서 조용하게 같이 있어 주거나 간략하지만 힘들어하는 사람의 상태를 직접적으로 알 수 있는 물음, "괜찮아?", "무슨 일 있어?" 같은 물음을 하는 정도로 해 줘도 당사자에게는 큰 위로가 될 것이라 생각한다. 내가 그렇게 위로를 다른 사람에게 받았으니까.

중학교 올라오고 초등학교 때보다 우는 날이 더 많았던 것 같은데 그때마다 위로해 준 친구들에게 정말 고맙다. 내가 힘들 때 내 옆에 있어 줬던 친구가 5~7명 정도 된다. 물론 내가 힘들 때마다 매번 같이 있어 주었던 것은 아니지만, 그 순간만이라도 같이 있어 준 것이 정말 고마웠고, 이런 친구들이 옆에 있어서 문장이 더 와 닿았다.

김현서의 문장들

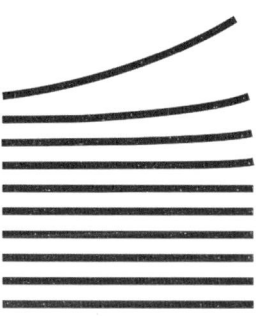

그러거나 말거나 혜선은 사진을 내려놓고 죽은 딸의 번호로 문자를 보낼 뿐이었다.

_ 문지유 외, 《흔들리는 지하철 안에서》, 부카, 2020., 9쪽

이 문장을 처음 보았을 때 세월호 영상을 봤던 기억이 났다. 세월호에 관한 이야기를 국어 시간에 들었던 적이 있다. 그날 세월호 사건에 대해 관심이 생겨 더 알고 싶어서 따로 관련 영상을 찾아보았다. 찾아본 영상에서 유가족들의 이야기가 나왔다. 세월호 참사를 당해 집으로 돌아오지 못한 딸에게 메시지를 보내며 "지켜주지 못해서 미안해.", "다음 생에도 엄마 딸 해줘."와 같이 전하고 싶은 말을 눈물이 흘러 제대로 읽지도 못하는, 그렇게라도 딸에게 자신의 마음을 담은 메시지를 보내는, 그렇게 아직 어린 딸을 보내지 못한 어머니의 모습이 나왔다.

 대구 지하철 참사 유가족들도 이와 비슷한 심정이었을 것이다. 왜냐하면 그들의 가족도 갑작스럽게 사고를 당해 사랑하는 이들을 떠나보냈고, 책임을 져야 하는 사람들이 책임을 지지 않고, 사고 대처에 미흡해서 심적인 피해가 더 심했을 것이기 때문이다. 이 책에서 대구 지하철 참사를 당한 딸의 어머니도 갑작스러운 사고로 마음이 힘들었을 것이다.

 책 속에서 어머니는 자신의 곁을 떠난 딸 생각에, 딸

에게 그동안 해주지 못했다는 마음 때문에, 단 한 번도 식사를 하지 않고 딸의 사진만 하루 종일 들여다보았다. 그런 아내를 보는 남편도 딸을 잃은 유가족이지만 자신만이라도 정신을 차리고 삶을 이어가야 한다는 현실에 아내에게 더 매정하고 차갑게 구는 장면을 읽고 마음이 아팠다. 문자를 보지도 못하는 딸에게 메시지를 남기는 모습이 내가 보기에도 마음이 갑갑하게 아파온다. 참사 이후 남은 가족들에게는 자신의 가족이 갑작스럽게 떠났다는 사실도 힘들지만, 갑자기 닥친 이별 때문에 너무 힘들어 하는 가족 구성원의 모습을 보는 것이 나는 감히 상상조차 하지 못할 정도로 더 힘들 것이다.

유튜브에서 유가족들이 죽은 가족과 메시지를 나누는 콘텐츠 영상을 봤다. 주로 젊은 나이에 돌아가신 분들의 친구나 가족을 상대로 한 콘텐츠였다. 가장 최근에 본 영상은 친구 분이 먼저 세상을 떠나신 20대 여성분 A의 사연이었다. A는 귀에 헤드셋을 찬 상태로 카톡방에 접속했다. 친구에게 잘 지내냐고 문자를 보내자 친구는 잘 지내고 있다며 너도 잘 지내냐고 답변이 돌아왔다. A는 죽은 친구와 메시지를 주고 받는 현실이 진짜가 아니라는 것을 알지만, 그 순간에 몰입해 한참을 울며 답변을 이어가지 못 했다. 겨우 진정해 답변을 했을 때도 자꾸만 터져 나오는 눈물에 힘들어하셨다.

  사람이 죽으면 그 사람과 보냈던 행복했던 기억보다 못 해줘서 미안한 마음과 아쉬운 생각이 먼저 든다고 한다. 그 영상 속에서도 친구 분은 A가 그렇게 가고 싶다고 했던 여행 한 번도 같이 못 가준 것, A의 이야기 잘 못 들어준 것 등 너무 미안한 일이 많았다고 했다. 답변은 그동안 너무 좋은 추억 많이 만들어줘서 고맙다며 미안해하지 말라는 말이었다. 현실에서는 그 답을 들을 수 없으니 남은 사람들은 미안함과 어쩌면 죄책감을 가지고 살 수도 있다. 그 사람이 살아있을 때 해주지 못했던 말, 전하고 싶던 말을 비록 못 보는 메시지라도 보내는 모습이 너무 안타까웠다.

대부분 자기 목숨 챙기기 바빴고 그들을 대피시키려는 소수의 인원의 모습이 애달프게까지 느껴졌다.

_ 문지유 외, 《흔들리는 지하철 안에서》, 부카, 2020., 134쪽

노약자 우대, 어린이 우선 보호. 이러한 말들이 있지만 막상 긴급한 상황이 들이닥치면 거의 모든 사람이 본능적으로 자신의 안전을 먼저 생각할 것이다. 그래서 자신만 먼저 생각하는 모습을 나쁘다고만 할 수는 없다. 이성적 판단 이전에 일어나는 반사 신경 같은 느낌. 하지만 자신보다 더 도움이 필요한 사람들을 먼저 생각하는 사람들도 있다. 자신보다 남을 먼저 돕는 사람들, 희생정신이 정말 뛰어난 사람들이다. 그리고 희생정신이 뛰어난 사람들을 비난하는 사람들도 있다. 도와줘봤자 아무도 모른다느니, 고생을 사서 한다느니, 자기 손해라느니. 정말 어이없는 말들이다. 자신의 목숨보다도 난생 처음 보는 이들의 목숨을 소중히 여긴 정말 멋진 사람들이 있기에 우리 사회가 평화롭고, 우리는 아름다운 세상을 살아가고 있다고 생각한다.

요즘 들어 우리나라의 개인주의는 정말 심각해지고 있다. 예전에 초등학교 담임선생님께 들었던 말이다. 요즘 아이들은 '우리 집'이라는 말보다 '내 집'이라는 말을 더 많이 쓴다고 한다. 이렇게 된 이유는 개인 중심적인 사고가 더 발달해서라고 하셨다. 원래 우리는 '우리 민족', '우리 가족'처럼 '우리'라는 말을 많이 썼다.

그 이유는 우리나라는 그 한 사람이 포함되어 있는 집합체를 중심으로 여겼고, '함께'라는 말과 그 속에 들어있는 가치를 중요시해서라고 한다. 하지만 점점 '우리', '함께' 같은 단어의 사용은 줄어만 가고 '나'와 '너'로 서로를 분리하는 단어들을 더 많이 사용한다. 이는 개인주의가 심해졌다는, 우리의 의식과 가치관이 그렇게 바뀌어 가고 있는 것을 확실히 보여준다.

요즘 대학생들은 선배고 후배고 안 따지고 팀 활동에 참여하지 않으면 이유를 따지지 않고 가차 없이 과제에서 이름을 빼버린다고 한다. 물론 같이 하지 않은 사람이 잘못한 것은 맞다. 하지만 예전에는 선배니까, 후배니까 하는 마음으로 같이 참여하지 못한 사람의 이름을 넣어주는 것이 대부분이었다고 한다. 이것 또한 개인의 이익을 중요시하고 다른 사람의 사정을 듣지 않는 부정적으로 심각해진 개인주의의 한 모습이라고 생각한다.

개인주의가 계속해서 심각해지면 우리 사회는 어떻게 될까? 서로 소통하지 않을 것이고, 다른 사람이 느끼는 감정에 무감각해질 것이다. 이해와 공감이 사라지는 것이다. 그렇기에 상대방을 먼저 생각하고 돕는 사람들을 비난한 사람들은 크게 반성할 필요가 있다. 경찰관, 소방관 분들처럼 자신의 목숨보다 다른 사람을 목숨을 먼저 생각하는 것이 직업인 분들도 비난하고 무시할 것인가? 또 그것은 아닐 것이다.

어떻게 보면 시기와 질투도 함께 있는 것 같다. 희생 정신이 뛰어나신 분들을 보니 나는 저렇게 못 하는데 하면서 사람들은 저게 뭐가 멋지냐고 생각하게 되는 것 같다. 자신과 그들을 비교하기보다는 먼저 배울 점을 받아들이는 것이 좋다. 우리나라가 사회적 약자, 소수자를 돕는 사람들을 애처롭거나, 질투심에 사로잡혀 보지 않고 너도나도 당연하게 함께 하면 좋겠다고 생각한다.

나는 세월호에서 살아 나온 괴물이라고!

_ 김홍모, 《홀》, 창비, 2021., 252쪽

사실 나는 트라우마라는 것이 이렇게나 심한 것인 줄 몰랐다. 나는 만약 내가 아주 큰 사고를 겪었다면 살아나온 것에 감사하며, 그런 일을 겪기 전처럼 평화롭게 살 수 있을 것이라고 생각했다. 그런데 이번에 《홀》을 읽으면서, 큰 사고를 겪은 후 나타나는 트라우마가 어마무시하다는 것을 알게 되었다.

책에서 보면 민용 씨는 세월호 사건 후 극심한 트라우마에 시달렸다. 혼자 어두운 방에서 물이 차오르는 것을 느끼며 숨쉬기를 힘들어한다거나, 자신만 살아나왔다는 죄책감에 손목이나 배를 칼로 그으며 자해를 하는 행동을 보인다. 이러한 행동들은 민용 씨의 마음 상태를 보여준다. 민용 씨는 트라우마 때문에 그러한 행동을 보인 것 같다. 그리고 그의 자해는 한 번만으로 끝나지 않았다.

첫 자해를 하기 전 전조증상 같은 그의 모습이 책에 실려 있다. 목욕탕에서 목욕을 하다가 세월호 피해자들의 모습이 환상으로 보인다거나, 자신의 말을 들어주지 않은 국가에 답답해하며 머리를 벽에 박는 모습 같은 것 말이다. 그 후 얼마 있지 않아 그는 자기 집 화장실에서 손목을 그으며 첫 자해를 하였고, 그 뒤로도 그의 자해는 계속 이어졌다. 그 뒤로 산책을 하다가 환상 때문에 유리 조각으로 자해를 했고, 그 뒤에도 시위를 하러 가서 자신의 목소리 좀 들어달라며 배를 칼로 그으며 자해를 하기도 했다.

가족들은 세월호 사건 이후에 망가진 남편, 아버지를 보면서 마음고생이 심했다. 하루아침에 다정했던 아버지가 큰일을 겪고 와서 환상과 환청, 트라우마에 시달리며 자해하고, 가족들에게 짜증과 분노를 내면서 가족들의 상한 마음도 생각조차 하지 못했다. 너무 많은 자해로 인해 의사는 이게 마지막이라며 더 이상 또 자해를 하면 정말 위험할 것이라며 신신당부했다.

배를 칼로 그은 자해 후 민용 씨는 자신과 가족들 위해 더 이상 자해를 하지 않았다. 그렇다고 해서 민용 씨의 트라우마가 다 지워지진 않았다. 한때 자신이 세월호에서 살아 돌아온 괴물이라며. 자신을 죽이라는 할 정도로 극심한 트라우마였는데 하루아침에 없어질 수 없었다.

하지만 이제는 가족들이 함께 있다. 그전에도 가족들이 없었던 것은 아니다, 하지만 그때는 민용 씨 눈에 가족들이 보이지 않았을 것이다. 이제는 다르다. 민용 씨 눈에 자신을 도와주는 가족들이 보이기에 도움을 받을 수 있을 것이다. 또 다시 환청과 환상이 보일 때면 가족들이 세월호에 빠지지 않도록 도와줬다. 그는 가족들과 함께 트라우마를 극복해 나가고 있다.

나연이는 동생이 공부 끝나고 와서 아빠가 흘린 피를 보면 놀랄까봐 그 피를 혼자 다 닦았어요.

_ 김홍모,《홀》, 창비, 2021., 242쪽

나연이라는 이름은 앞서 얘기한 민용 씨의 첫째 딸 이름이다. 나연은 아버지의 자해 모습을 본 첫 번째 사람이다. 앰뷸런스가 온 뒤에 어머니는 바로 아버지를 따라가셨고, 나연은 공부를 마치고 올 동생을 기다리고 있었다. 하지만 병원으로 실려간 아버지의 자리에는 많은 피가 묻어 있었다. 나연은 동생에게 자신이 느꼈던 공포를 주기 싫었기 때문에 이 모습을 동생에게 보여줄 수 없었다. 신고하는 것도 무서워하던 나연은 동생을 위해 텅 빈 화장실에서 홀로 아버지가 흘리신 피를 닦았다.

피는 금방 굳어서 잘 닦이지 않았고, 피비린내도 났을 것이다. 하지만 동생을 위해 그 피를 손수 닦은 나연이 정말 멋있다고 생각한다. 나는 비위가 약해서 수술 드라마에서 나오는 피도 잘 보지 못 하는 편이다. 하지만 나연이 아버지가 흘리신 피를 닦았을 생각을 하니 아무리 많이 겪었던 상황이고 비위가 강하더라도 힘들었을 것이라고 생각한다.

사실 나연의 동생도 나연과 같은 응급구조사라는 꿈을 꾸고 있었다. 하지만 나연 자신도 이 상황을 겪고 몸이 굳어버렸는데 아직 꿈을 이루지 못한 동생이 꿈을 포기할까봐 불안감에 스스로 피를 닦았던 것 같다. 비록 자신은 꿈을 이루고 또 많은 실습을 해보았음에도 이렇게 무서운데 아직 꿈을 꾸고 있고 자신보다 더 어린 동생에게는 얼마나 큰 공포를 다가올지를 알고 있었던 것 같다.

    이런 마음씨가 아저씨를 닮은 것 같다고 생각했다. 아저씨가 자신보다도 다른 사람을 먼저 생각하며 행동했던 것처럼 나연도 자신보다 자신의 동생을 위해 먼저 행동했다. 아저씨처럼 나연 또한 남을 먼저 생각하는 배울 점 많은 사람이라는 것을 느꼈다.

    아무리 동생을 위해서라고 하지만 피를 닦으면서 나연은 큰 공포를 느꼈을 것이다. 그래도 자기 동생을 위해 나서서 해결하는 모습이 존경스럽다. 결과적으로 동생도 아버지가 자해를 했다는 것은 알게 되었지만, 다행히 그 상황은 보지 않을 수 있었다. 하지만 그 대신에 언니인 나연이 너무 큰 충격과 아픔을 받게 된 것 같아서 마음이 아프다. 참사 사건에서 피해자 분들이 희생되신 것만 생각해도 마음이 정말 아픈데 생존자

분들도 너무 큰 아픔과 트라우마를 느끼시고, 게다가 그분들의 주변 사람들에게까지 영향이 간다는 사실이 더욱 마음을 아프게 했다.

할배나 할망구라는 말도 때에 따라 존경 표현이 될 수 있다.

_ 스미노 요루, 《무기모토 산포는 내일이 좋아》, 소미미디어, 2024., 187쪽

처음 할망구, 할배라는 표현을 들어본 것은 약 2년 전쯤이다. 서점에 있었는데 손녀로 보이는 아이가 할머니께 "할매, 일로 와봐." 하는데 순간 너무 놀랐다. 나에게는 할망구, 할배, 할매 이런 표현들이 예의 없게 느껴졌기 때문이다.

엄마에게 사람들 원래 할매, 할배 같은 표현을 쓰냐고 물으니까 엄마는 귀여운 사투리라며 할머니랑 더 가까워 보이고 좋아 보인다고 하셨다. 엄마 또한 어린 시절에 써 보신 적이 있다고 한다. 엄마는 할머니랑 더 친해서, 더 가까워서 쓸 수 있는 표현이라고 하는데, 나는 아무리 보고 들어도 익숙해지지 않는다.

서점에서 할매라는 말을 처음 들은 후 친구 집에 갔을 때 친구 할머니가 집에 계셨다. 친구가 할머니께 "할매, 나 왔어."라고 했다. 처음에는 또 놀랐다. 이 표현을 처음 들었다면 친구가 예의 없다고 생각했을 것 같다. 그런데 엄마와 나눈 대화를 떠올리며 친구와 할머니 사이를 보니 정말 가까운 사이인 것 같아 보였다.

그렇다고 나와 할머니, 할아버지가 가깝지 않은 사

이인 것은 아니다. 우리 집 사람들은 거의 아무도 할배, 할매라는 말은 쓰지 않는다. 가끔 사촌 언니가 할매를 쓰는 것을 들은 적은 있다. 그런데 또 생각해 보면 사촌 언니와 할머니의 사이가 조금 더 가까운 것 같기도 하다. 왜냐하면 언니는 어린 시절에 할머니와 함께 살았기 때문이다. 이런 생각들을 하다 보니 이제는 할매, 할배라는 표현이 손주와 조부모 사이가 가까우면 쓰는 표현이라는 것이 조금은 이해가 간다.

　하지만 주인공 무기모토 산포가 하는 말인 존경 표현은 아무리 생각해도 공감이 가지 않는다. 보통 우리가 윗사람을 높여 말할 때 선생님, 사모님, 사장님 같은 말을 쓴다. 그런데 할매, 할배라는 표현이 존경 표현이라니 도무지 모르겠다. 물론 이 표현 속에 존경하는 마음이 들어있을 수도 있다. 주로 존경한다는 의미로는 어려운 단어를 쓴다고 느꼈는데 어렵지 않고 친근한 단어를 써도 된다고 생각하니 틀을 깬 단어, 표현인 것 같다.

　얼마 전에 할머니가 오셨다. 맛있는 음식을 잔뜩 해주셨다. 그래서 음식 해주셔서 감사하다고 "할머니, 음식이 짱."이라고 말하려고 했다. 이 표현을 써서. 내가 하고 싶었던 말은 존경하는 마음을 넣은 '할매 음식이 젤 맛있어.'였다. 그런데 막상 하려니 입 밖으로 떨어지지도 않고 다시 또 생각해 보니 짱이라는 말은 하기에는 애교 같고 귀여운 말인 것 같은데 내 나이에 하려니까 또 예의 없다고 느껴졌다.

이제 무기모토 산포가 한 말이 이해가 간다. 어린아이들은 높임 표현도 잘 못하고 단어도 잘 모른다. 그렇기에 어린아이들에게는 어렵고 낯선 할머니, 할아버지라는 단어보다 할매, 할배라는 단어에 애정과 친근함, 그리고 그들만의 존경심을 담은 표현이라 할 수 있을 것 같다.

최대한 약점을 보이지 말고, 언젠가 앙갚음해서 입장을 역전해 버리겠다.

_ 스미노 요루, 《무기모토 산포는 내일이 좋아》, 소미미디어, 2024., 356쪽

이 문장은 주인공 무기모토 산포의 성격이 확실히 바뀌었다는 것을 보여준다. 이 문장 전까지 책에서 산포의 가치관은 고정되어 있지 않아서 불안한 모습을 주로 보였다. 하지만 여러 일을 겪으면서 산포는 자신을 위한 모습으로 변할 수 있었다. 소심해서 자신이 하고 싶었던 말도 잘 못 하고 속으로 상처만 받으며 힘들어하던 산포에게 정말 희망적이면서 큰 변화이기도 하다. 그 전까지는 산포의 성격을 이용해 일부러 산포에게 화풀이를 하거나 사람들이 많았다. 성격이 바뀐 산포가 자신이 하고 싶은 말은 다 하며 하나씩 복수하겠다는 다짐은 속을 뻥 뚫리게 해주는 것 같다. 앞으로의 인생을 바꾸는 다짐을 한 산포는 아주 큰 결정을 한 것이다.

　산포가 성격을 바꾸게 된 것은 산포를 힘들게 하는 사람들 때문일 수도 있지만, 덕분이라고도 할 수 있다. 그들이 산포를 힘들게 한 것 때문에 산포는 복수를 다짐하고 성격을 변화시켰으며, 그들이 산포를 힘들게 한 덕분에 산포는 상황이 잘못되었다는 것을 확실히 알아채고 자신을 위해 성격을 스스로 바꿀 수 있었다.

성격 때문에 억울하게 당하고만 사는 사람들 그리고 그 성격을 이용해 사람을 마음대로 부려 먹는 사람들까지 모두가 이 이야기에 관심을 가지면 좋겠다. 당하던 사람들에게는 비슷한 성격을 가지고 있는 산포가 겪는 비슷한 사건들에 공감하며 위로를 받고 그들도 변화할 수 있다는 용기를 줄 것이다. 반대로 사람 마음을 함부로 부려 먹는 사람들에게는 크게 뉘우치고 반성할 기회가 될 것이다.

이 문장은 삶을 살아가는 데 조언을 해주는 것 같다. 물론 문장 내용처럼 드라마틱하게 복수가 되지는 않을 것이다. 마음은 먹었지만 몸이 안 따라줄 수도 있고 양심에 걸릴 수도 있으며 상황이 도와주지 않을 수도 있다. 그래도 이런 마음, 생각을 가지는 것만으로도 내 삶에 무기력함을 극복하게 해줄 것 같고 이때까지 느꼈던 억울하고 힘들었던 감정을 다 풀어줄 것 같다.

그렇지만 복수라고 해서 꼭 그 사람에게 똑같이 갚아주는 것만 있는 것은 아니라고 생각한다. 오히려 똑같이 갚아주는 것은 똑같은 사람이 되는 것 같아서 좋지 않을 것 같다. 다른 복수 방법으로 유명한 것이 또 하나 있다. 바로 내가 성공하는 것이다. 내가 성공해서 남이 날 부러워하면 성공인 복수 방법 말이다. 이 복수 방법은 내 답답함, 분노도 풀리며 그 사람에게는 직접적인 피해를 주지 않고 나는 성장까지 하는 정말 현명한 복수 방법인 것 같다. 과연 산포는 어떤 복수를 할지 기대가 된다.

언니의 머리카락 색이 꼭 은색 푸딩처럼 변했다.

_ 스미노 요루, 《무기모토 산포는 내일이 좋아》, 소미미디어, 2024., 105쪽

보통 푸딩을 생각하면 과일 푸딩처럼 통통 튀고 상큼한 느낌이나 커스터드 푸딩처럼 달콤하고 부드러운 모습이 생각나기 마련이다. 그런데 질감이 비슷한 곳이 없는 머리카락을 푸딩에 비유한 것과 또 은색깔 푸딩에 비유한 것이 조금 의아했다. 몇 번이고 이게 무슨 뜻일지 생각해 봤지만 그래도 모르겠다. 처음에 든 생각은 은색은 생각하지 않고 푸딩과 머리를 함께 생각했을 때 웨이브가 들어간 통통 튀면서도 부드러운 헤어스타일을 생각했다. 하지만 헤어스타일과는 관련된 이야기는 없어서 아닌 것 같다.

두 번째로 든 생각은 그저 머리카락을 은색으로 염색했다는 생각이었다. 그런데 머리카락을 은색으로 염색해서 한 표현이라면 굳이 푸딩으로 비유했을까 하는 생각이 들었다.

마지막으로 든 생각은 성격을 나타냈다는 생각이다. 소설의 앞부분에서 주인공 무기모토 산포의 성격과 관련된 내용이 정말 많았다. 그래서 이 문장은 언니의 성격을 비유한 것이라고 생각한다.

언니는 무기모토 산포를 만날 때면 말을 버벅거리는 산포를 꾸중하거나 날카로운 말투로 지적하는 말을 하고는 한다. 이런 날카로운 말투를 베일 듯 반짝이는 쇠붙이를 연상케 하는 은색으로 비유한 것 같다. 그리고 날카로울 것만 같은 언니의 속마음은 사실 보드랍고 말랑말랑하다는 것을 말랑말랑 부드러운 푸딩에 비유한 것이 아닌가 싶다.

 이런 내 생각에 확신을 가지게 한 부분도 있다. 언니가 항상 날카롭게 말해서 내심 미안했는지 일본에서 매우 비싸고 유명한 카스테라를 산포에게 선물로 준 적이 있다. 다른 음식이 아니라 폭신폭신하고 따뜻한 음식인 카스테라를 준 점에서도 언니의 보드랍고 말랑말랑한 속마음을 표현했다고 생각한다. 이 문장도 앞에서 고른 문장과 마찬가지로 재미있는 표현이라고 생각한다.

 나도 나의 성격을 비유하는 표현을 생각해 보았다. 가장 먼저 떠오른 것은 밥이다. 밥은 상온에 오래 두면 상하는데, 곰팡이가 피는 등 눈으로 상했다고 보이는 것보다 쉰내가 먼저 나서 상했다고 알게 된다. 이렇게 밥은 그냥 스쳐 지나가며 본다고 해서 상했는지 알 수 없다. 이런 모습이 나의 성격과 비슷하다고 생각했다.

 5학년 때까지만 해도 나는 쉽게 상처받는 성격이었다. 그렇다고 해서 나를 모욕하는 말을 듣고 가만히 있지는 않았다. 나의 기분을 확실하게 표현했고 또 다음부터 그렇게 안 했으면 좋겠다고, 할 말은 꼭 하는 성격이었다. 하지만 상처받는 말을 듣고, 할 말을 할 때면 심장이 쿵쾅대고 벌렁거렸다. 그리고 또 그런 말을 들어 속상해 집에서 혼자 운 적도 빈번히 있었다. 이런 내 모습, 내 마음을 다른 사람들은 자세히 들여다보지 않으면 아무도 모른다. 혹여나 관심을 가지고 도와주려고 해도 내가 내 마음을 말하지 않으면 아무도 모를 것이다.

 그리고 또 다른 내 외면의 성격은 파란색 같다. 왜냐하면 파란색 하면 나에게는 루시라는 밴드가 먼저 떠오르기 때문이다. 그 밴드는 자신들의 밴드 색깔을 파란색이라고 소개하며 이유를 자신들의 강아지 같은 비글미 때문이라고 한다. 나는 평소에 텐션이 좀 높고 친구들과 이야기하는 것을 좋아하기 때문에 활발하다는 이야기를 많이 들었다. 그리고 또 조금 내려가 있는 눈

꼬리 때문에도 강아지 같다는 소리를 들은 적인 빈번히 있다. 합쳐 보면 나는 활발한 강아지, 루시가 파란색이라고 소개한 비글미를 가지고 있는 것이다. 그렇기에 파란색은 내 외면의 성격을 표현하는 것 같다.

 다 정리하면 내 성격은 나의 외면과 내면을 합쳐서 '파란 밥'이라고 표현하고 싶다.

나루는 다른 무엇보다도 태양이가 물속에서 고백했다는 점이 가장 마음에 들었다.

_ 은소홀, 《5번 레인》, 문학동네, 2020., 155쪽

처음 이 부분을 읽었을 때는 조금 의아했다. 왜냐하면 나루는 시간이 지나면서 수영을 싫어했을 것 같기 때문이다. 왜냐하면 1등을 항상 아쉽게 놓쳐서 많은 스트레스를 받았을 것 같았다. 하지만 생각과는 다르게 물속에서 고백했다는 점이 가장 맘에 들었다고 해서 신기하면서도 물음표가 끊임없이 떠올랐다.

그 뒤에 왜 가장 좋았을지 생각해 보았다. 책을 읽으면서 짐작할 수 있었던 부분은 수영장의 모습이었다. 책 속에서 "토요일 오후의 수영장은 아무도 없이 불이 꺼져 있었다. 나루는 밖에서도 알아채지 못하도록 구석의 조명 하나만 밝혔다. 칠흑같이 어둡지도 대낮처럼 밝지도 않은 수영장은 달빛 아래 공원처럼 신비로웠다."라고 한다. 그러면 상상되는 수영장의 모습이 있다. 영화나 드라마에서만 볼 수 있는 것처럼 신비로운 그 느낌과 또 빛에 반사되어 더 예쁘게 일렁이던 수영장, 물속에서 고백까지 받았으니 더 기분이 좋았을 것 같다.

다음으로 든 생각은 항상 경기하고 경쟁하던 치열한 수영장에서 아무도 모르게 둘만 알 수 있는 추억이 생겼기 때문이라고 생각한다. 항상 수영 시합과 연습으로 힘들고 정말 포기하고 싶다는 생각만 수백 번 했을 그 수영장에서 이제는 자신과 남자친구(태양)만 아는 일이 생겼다고 생각하면 내 일은 아니지만 설레고 감회가 새로울 것 같다. 또한 부정적이었던 수영장의 모습이 그 말 한마디에 단숨에 기분 좋은 장소로 바뀌었을 것 같다.

마지막으로 든 생각은 책 속에 있는 "그때도 우리가 지금처럼 수영할까?", "당연하지."라는 부분을 읽고 난 후에 들었다. 이 부분 바로 앞쪽 이야기에서 나루와 태양은 자신들의 20년 후 모습을 상상한다. 그리고 나루는 태양에게 우리가 시간이 흘러 어른이 된 후에도 이렇게 함께 수영을 하고 있을지 묻는다. 그 말에 망설임 없이 당연하다고 대답해 준 태양이었다. 그렇기에 수영장에서 받은 고백은 단순히 마음을 표현한 것뿐만 아니라 오래 지속될 약속을 한 것과도 같다는 생각이 들었다.

내가 생각한 이유 중에서 나루가 마음에 들었다는 이유가 있을지는 모르겠지만 가장 마지막에 한 추측이 나루가 그렇게 생각한 이유와 가장 비슷할 것 같다는 생각이 든다. 왜냐하면 확실한 약속을 해준다는 것은 마음을 기댈 수 있게 해주는 정말 고마운 일이기 때문이다.

나소윤의 문장들

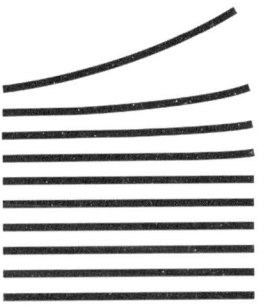

아직 세우지 않은 감옥에 갇혀 있습니다

_ 김이경,《시의 문장들》, 유유, 2016., 89쪽
 (원전: 잘랄루딘 루미, 〈나는 있습니다, 그리고 없습니다〉,
《모든 것을 사랑에 걸어라》, 꿈꾸는돌, 2003.)

처음 이 문장을 보았을 때는 의미를 잘 몰랐다. 나의 추측으로는 갇혀 있지 않지만, 갇혀 있는 것처럼 살아간다는 것 같았다. 현실 세계에서 진짜로 아직 세우지 않은 감옥에 갇힐 일은 없을 것이니까. 하지만, 나의 추측일 뿐, 이 문장은 내가 생각한 것보다 더 풍부한 의미를 가지고 있을 수도 있다.

나도 살다보면 가끔 이런 감정을 느낄 때가 있다. 분명히 나는 누군가에게 둘러싸여 있지 않고, 압박을 받고 있지 않은데도 분위기 때문에 갇힌 것 같고, 누군가, 어떤 물건, 감정도 나를 둘러싸고 있지 않지만, 무언가에 의해 갇힌 것 같은 기분이 든다. 가끔 그런 기분이 들 때마다 나는 내가 무엇을 잘못했는지부터 생각한다. 내가 무엇을 잘못했는지 알고, 누군가에게 사과를 해야 마음이 편안해지고, 쓸데없는 생각이 안 나기 때문이다.

가끔씩은 괜찮지만, 이런 생각이 너무 자주 드는 것은 인생을 사는데 그다지 도움이 될 것 같지는 않다. 누군가는 이런 생각을 하는 것이 좋고, 편안하고, 휴식을 취하는 것 같다고 생각할 수도 있지만, 나는 이런 생각을 많이 하면 쓸데없는 생각으로 시간을 낭비하는 것 같다고 생각한다. 그 시간에 책을 한 장 더 읽는다든지, 친구와 수다를 한 단어라도 더 떠들든지.

 내가 이런 생각을 하기 전에 이 문장을 읽었을 때는 투명한 감옥에 갇혀 있는 건 줄 알았는데 의미를 추측하고 나니까 위에서 말했던 것처럼 내가 세우지 않은 감옥에 갇혀 있는 것처럼 살아가는 것이 아닐까 하고 생각했다.

우리는 불안할 일이 너무 많은 세상에서 산다.

_ 인본주의, 《문장, 고민하다》, 매일신문, 2020., 44쪽
  (원전: 김수현, 《나로 살기로 했다》, 마음의숲, 2016.)

요즘 세상은 정말 흉흉하다. 우리는 정말로 불안할 일이 너무 많은 세상에서 살고 있는 것 같다. 나는 어떤 일만 해도 정말 불안한 것 같다. 위험해져서 불안한 것이 아니고, 내가 실수할까 봐, 잘못할까 봐, 그래서 주변 친구들에게 피해를 줄까 봐, 정말 불안한 일로 가득하다.

친구와의 오해로 인해서 싸웠던 적이 있었다. 지금 다시 생각해 보니 내가 친구에게 사과만 하면 간단히 끝날 정도로 큰일은 아니었다. 그런데 그 친구의 말과 분위기에 압도당했던 것일까. 내가 잘못한 것은 딱히 없었지만 마음은 아주 불안했다. 혹시 내가 생각하지 못한 실수를 했을까 봐, 그 친구가 그런 말을 할 정도로 내가 피해를 줬을까 봐.

친구 관계뿐만 아니라 사회에서도 너무 불안할 일이 많이 일어난다. 이태원 참사 사건, 홍제동 화재 사건 등등. 왜 우리는 이렇게 불안한 사회 속에서 살아가야 하는가. 딱히 이유라고 말할 것도 없다. 세상의 흐름에 따라 우리도 같이 따라가는 것일 뿐. 마치 흘러가는 강물을 따라 같이 떠내려가는 나뭇잎 같달까.

내가 잘하고, 열심히 노력하고 있음에도 불구하고 불안한 생각이 든다. 불안해하면서 내가 실수할 만한 것들을 고칠 수 있는 점에서는 장점이 될 수 있지만, 가끔 이렇게 많은 불안을 겪으면서 살아가는 내가 싫을 때도 있다.

"다시는 보지 말자. 잊고 살자, 우리. 나도 잊을 테니 너도 잊어라. 그게 각자 인생을 위해 좋은 일일 거다."

_ 김초롱, 《제가 참사 생존자인가요》, 아몬드, 2023., 142쪽

이 문장 앞에 주인공의 친구 A가 주인공과 작은 다툼을 있었고, 다음날 주인공은 A가 죽었다는 소식을 들었다. 2학기가 지나고 졸업식이 다가왔을 때 담임선생님은 이 문장을 주인공에게 말하셨다는 이야기가 나온다.

　이 문장을 처음 보았을 때는 그때의 일로 담임선생님의 트라우마가 컸을 것이고, 주인공은 친구 A의 중심에 있던 아이이기 때문에, 담임선생님은 주인공을 더이상 보고 싶지는 않았을 것 같다. 내 제자가 죽었는데, 나중에 알고 보니 죽기 직전에 다퉜던 아이가 우리 반 아이라니. 내가 그때의 상황에 담임선생님이었다면 이렇게 대화하는 것도 영 내키지 않았을 것 같다. A가 죽은 이유가 주인공 때문만은 아니겠지만, 그래도 마음이 불편했을 것 같다.

　이 문장을 보고 나서 다양한 생각이 들었다. 왜 선생님은 학생에게 별로 좋지 않은 말을 했을까?, 어떤 이유가 있어서 이런 말을 했고, 그 학생은 이 말을 듣고 나서 어떤 생각을 했을까? 정말로 주인공은 담임선생님의 말을 듣고 나서 어떤 생각이 들었을까? 단순 상처만 받았을지, 그때의 일이 다시 떠올랐을지 잘 모르겠지만, 마음은 부정적인 쪽에 가까웠을 것 같다. 누군가에게 이런 말을 듣고 웃거나, 행복해할 사람은 없을 것 같다. 담임선생님도 얼마나 그 일이 충격적이었으면 학생에게 그런 말을 했고, 잊고 살자는 말을 했을까.

    보통 중학교를 졸업하면 졸업생이 찾아오지 않는 이상 다시 만날 일은 없을 텐데 그런 말을 하는 것도 대단하다는 생각이 든다. 하지만, 문장의 마무리를 보면 이게 각자의 인생에 도움이 될 것이라고 했는데 정말로 인생에 도움이 됐을지도 모른다. 담임선생님과의 관계도 서먹해졌을 텐데 담임선생님이 그 말을 했다면 정말로 잊고 살아서 죄책감 없이 살 수 있기도 하고, 그 일에 대해서 트라우마 또는 생각이 나지 않아서 좋을 것 같기도 하다.

"저도 예전엔 빵을 그렇게 좋아하지 않았는데 만들다 보니 좋아졌어요. 허여멀건 밀가루 덩어리가 부풀어서 노릇노릇해지고 근사한 냄새까지 뿜어내며 오븐에서 나오는 걸 보면, 뭐랄까······. 이런 표현 좀 그렇지만 아이를 낳으면 이런 기분일까, 하는 생각마저 들어요."

_ 김혜연, 《우연한 빵집》, 비룡소, 2018., 139쪽

빵을 만드는 것을 싫어했지만, 지금은 밀가루 덩어리가 빵이 되는 과정까지 전부 좋아졌다는 말을 하는 것을 보면 어떠한 이유로 빵을 만드는 것이 좋아진 것 같다. 문장의 마지막 부분을 보면 빵을 만들고 하는 것을 아이 낳는 기쁨에 빗대어 이야기하였는데, 빵으로 될 것 같지도 않았던 밀가루가 몇 번의 손길을 거치고 오븐에서 완성된 모습을 보면 빵이 되었다니. 마치 사람의 형태가 아니었던 태아가 출산 후 내 아기가 된 것을 보면 비슷한 감정을 느낄 것 같기도 하다.

　내가 여름방학 때 방과후 수업으로 베이킹을 들으면서 실제 빵을 만들었을 때 비슷한 감정을 느꼈다. 평소에 베이킹을 할 때 쓰던 익히 알던 재료들과 베이킹에 쓰이긴 하지만 이번 수업 때 처음 보는 재료들로 맛있게 먹을 수 있는 빵이 오븐에서 구워져서 나오는 것을 보면서 나도 주인공처럼 느꼈다. 내가 느끼고, 실제로 경험한 것도 있어서 조금이나마 비유가 이해가 갔고, 공감하게 되었다.

　평소에 빵을 만들 때 빵을 만드는 것을 좋아하니 좋아하는 것을 하며 뿌듯한 기분을 많이 느끼기도 했지만, 사실 제일 먼저 든 생각은 갓 만든 빵이 맛있겠다는 것이다. 그런데 빵 만드는 것을 좋아한다는 마음을 저렇게 표현할 수도 있다는 것에 엄청 놀랐다. 아무도 저렇게 표현하지는 못할 단어들과 문장들로 짧지만, 베이킹을 하는 사람들에게 많은 의미를 전달할 수 있다니.

 나도 나중에 어른이 되고 나서 직업을 얻게 되면 저런 말을 할 수 있을 만큼 내 직업을 사랑하고, 좋아하는 사람이 되고 싶다. 만약에 내가 어른이 되어서 제빵사가 되었을 때 내 가게를 찾아온 손님에게 저런 말을 할 수 있는 제빵사, 어른이 된다면 얼마나 뿌듯하고, 손님도 좋아할까?

내가 한 마리 말이었다면 재빠르게 뛰어다니며 마음대로 발길질을 날려도 되고, 브로콜리라면 어차피 똑같이 생겨 개별성이라고는 없는 다른 브로콜리 뒤에 숨어 버리면 그만일 것 같았다.

_ 강영숙, 〈재해지역투어버스〉, 《기억하는 소설》, 창비, 2021., 13쪽

정말로 사람이 하루아침에 동물이 될 수 있고, 채소가 될 수 있다면, 세상은 어떻게 돌아갈까. 주인공은 동물로는 말이 되고 싶다고 했고, 채소로는 브로콜리라고 대답했다. 나도 이 문장을 읽어보고 나서 말이 되어 보고 싶었다. 내 말을 무시하고, 욕을 하는 사람들을 말이 되어서 마음대로 발길질을 날릴 수 있다면, 얼마나 속이 시원할까. 더군다나 내 모습이 아니고 동물이니까 누군가에게 욕을 먹지도 않는다.

　평소에 나를 욕하고 다니는 아이는 없겠지만, 살면서 한두 명쯤은 생기지 않을까? 자신과 마음이 잘 안 맞는다면서 내가 했던 행동들을 욕하고 다니거나, 내가 실수로 했던 말들을 퍼뜨리고 다닌다거나. 우리는 평소에 다른 사람을 함부로 험담하는 실수들을 많이 한다. 눈치를 안 주고, 알고는 있지만 당사자에게 말하지 않는 이런 사회라니. 나 혼자만 그럴 수도 있지만, 누군가 나를 놀리는데 당당하게 가서 사과하라고 말하기에는 선뜻 마음이 생기지는 않는다.

　만약에 우리가 인생을 살아가는데 딱 한 종류의 동물로 살아갈 수 있다면 어떤 동물을 사람들은 많이 선택할까? 만약에 나라면 말도 좋지만, 토끼도 좋을 것 같다. 빠르게 달릴 수 있고, 작기도 해서 누군가의 뒤에 숨을 수 있을 것 같기 때문이다.

또, 사람들은 어떤 채소가 되고 싶다고 말할까? 나는 아스파라거스가 되고 싶다. 아스파라거스는 스테이크를 먹을 때 곁들여 먹지만, 평소에는 사람들이 잘 찾지 않기 때문에 친한 사람들만 나를 찾을 것 같다. 모르는 사람들에게 찍히지 않고, 친한 친구들하고만 이야기하고 싶다. 괜히, 잘못, 실수로 이야기한 것을 나를 모르는 사람이 들어서 소문이 생기는 것은 싫다.

정말로 우리가 동물 혹은 채소가 될 수 있다면 좋을 것 같기도 하고, 나쁠 것 같기도 하다. 만약에 실제 크기의 채소가 된다면 나는 학교에 안 가고, 마트 채소 코너에 있을 수도 있어서 좋을 것 같기도 하지만, 누군가가 나를 사서 먹기라도 하면 큰일이다. 움직일 수도 없고, 내가 채소가 됐다고 누군가에게 말할 수도 없기 때문이다.

박수민의 문장들

지금은 이런 생각이 들어. 삶은 고난의 연속이 아니라 극복의 연속이라고.

_ 김민서, 《율의 시선》, 창비, 2024., 206~207쪽

이도해가 실종되고 율이 힘들어 자책하고 있을 때 율의 엄마가 율에게 해준 말이다. 책 속에서 율의 엄마도 아빠가 돌아가시고 둘만 남았을 때 힘들고 포기하고 싶었다면서 힘든 일은 이겨내고 나면 또 다른 힘든 일이 생기고 가끔은 죽고 싶다고 생각할 정도로 힘들었다고. 지금은 다 이겨내고 너무 잘 먹어서 뚱뚱해졌다고 말하는 장면이 있는데, 그만큼 율을 아끼는 마음이 가슴에 와 닿았다.

　　율의 아빠가 아들 대신 죽었을 때 율의 엄마는 사람들에게 마음을 열지 못하는 아들을 보며 가슴이 아팠을 것이다. 늘 자신이 죄인인 것처럼 항상 잠자고 있는 율에게 "엄마가 항상 미안해."라고 속삭였다. 그 모습을 보니 엄마가 많이 힘들었을 것 같다는, 그리고 그것을 극복하고 있다고 생각이 들었다.

　　얼마 살지 않은 나도 돌아보면 하나의 숙제를 끝내고 나면 또 하나의 과제가 남아있고, 친구들과 즐거웠다가 또 힘들었던 감정들이 반복되며 계속 쳇바퀴처럼 일상에서 고난과 극복이 반복되는 것 같다. 그 속에서 즐거움, 행복, 괴로움, 슬픔 등 여러 가지 감정들을 겪으면서 성장해 나가는 것 같다. 책 속에서도 율은 이도해의 권유로 소설을 쓰며 삶이 소설과 다를 바 없다고 깨닫는다. 사람들은 현재의 고통을 극복하는 이야기를 쓴다는 것이다. 그것이 진실이든 거짓이든 그것은 상관하지 않으면서. 이런 이야기를 하는 율도 결국 삶은 고난의 연속이 아니라 극복의 연속이라는 것을 알고 있는 것 같다.

이 책의 주인공인 율은 그동안 아빠가 자신을 대신해 죽었던 일, 자신이 처음 마음을 열었던 친구 이도해가 사라진 일, 학교에서 강한 사람에게는 약하게, 약한 사람에게는 강하게 대하며 인간관계를 모순적으로 지냈던 일 등의 고난들을 겪었지만 그런 일들을 이도해를 만나고, 소설을 쓰면서 극복해 나가는 모습이 이 문장에 잘 드러나 있는 것 같다.

인간은 상처를 받아 주저 않더라도 힘을 모아 다시 일어날 수 있는, 극복할 수 있는 존재라는 것을요.

_ 유가영, 《바람이 되어 살아낼게》, 다른, 2023., 85쪽

이 책의 글쓴이이자 세월호 생존 학생인 유가영 님은 세월호 참사를 겪었을 때 친구들 모두가 구조되지 못해서 힘들어했지만 한 달 동안 마음건강센터에서 일을 하면서 그녀와 비슷한 고민을 가진 사람들이 많다는 것을 알게 되고, 뉴질랜드로 워킹홀리데이를 가게 되었다.

그곳에서 지진을 겪게 되는데, 그녀는 어떻게 행동해야 할지 몰라 불안에 떨며 침대에 꼼짝없이 누워 있었다. 그때 케이트라는 친구는 놀랍게도 아무렇지 않아 했고, 그녀에게 이런 말을 해 주었다. 예전에 대지진이 일어났을 때 아는 사람들이 죽거나 크게 다쳤다고. 하지만 그 후 내진 설계가 잘 된 건물들이 많이 들어서고 새로운 공동체를 형성하며 회복하는 중이라고.

그녀는 그 이야기들을 가만히 들으며 사람들에게는 어떤 재난이 닥쳐도 극복하고 다시 일어설 힘이 있다는 것을 알게 되었다. 그 후 뉴질랜드를 떠날 때까지 지진을 몇 번이나 더 겪었지만 모든 것은 그대로였고, 덕분에 그녀는 안전하다는 것을 느낄 수 있었다고 했다.

이 책에는 그녀가 세월호 참사 후 겪은 10년 간의 이야기가 담겨 있다. 그녀는 10년의 시간 동안 상처를 받았던 일이 있었지만, 극복을 하며 상처를 점점 치유하는 모습을 그리고 있다. 상처를 치유하는 과정에서 혼자 무언가를 하는 것이 아니라, 친구들과 함께 봉사활동을 하거나 여러 활동을 하면서 극복해 나가는 모습을 책에서 볼 수 있었다.

그녀는 책에서 참사가 자신의 인생을 흔들고 힘들게 했지만, 자기를 힘들게 한 일이 전부 고통으로만 남지 않았다고 말한다. 그녀는 힘을 내서 참사의 상처를 극복할 수 있는 존재라는 것을 깨닫고 힘을 내서 살아가고 있다. 앞으로 10년 동안 나는 어떻게 살게 될까. 부디 그날들이 전보다 안전하고 행복했으면 좋겠다. 상처를 받더라도 힘들어하지 않고 극복할 수 있는 힘을 기를 것이다. 그리고 상처를 가진 사람들이 주변 사람의 도움을 받고 밖으로 나와 극복할 수 있는 힘을 가지면 좋겠다.

일상을 유지하기 위한 모든 일에는 '에너지'가 든다. 에너지가 없는 사람에게 일상은 버거울 수밖에 없다.

_ 김초롱, 《제가 참사 생존자인가요》, 아몬드, 2023., 67쪽

이 책은 이태원 참사 생존자가 319일 동안 삶과 마음이 일시적으로 무너지고 조금씩 추스르는 과정을 적은 내용이다. 주인공은 평범한 날이었던 2022년 10월 29일 이태원 현장에 있었다. 매년 그랬던 것처럼 코스튬을 하고 재미있게 핼러윈을 보낼 생각에 이태원에 가게 되었는데 참사가 발생했고, 주인공은 그 중심에 있게 되었다. 사고 이후 그녀는 이틀 동안 잠도 자지 못하고, 물도 마시지 않고, 밥도 먹지 않으며 뉴스만 하루 종일 바라봤다. 주변인들에게 전화가 쏟아졌고, 그녀는 무의미하게 "난 괜찮아."라고 대답했다.

아는 언니의 도움으로 치료를 받기로 결심하고 정신과 진료를 받게 되었다. 죄책감으로 침대에서 편하게 자지도 못하고, 음식을 소화하지도 못해 액체 종류만 먹었다. 트라우마로 인해 일상이 모두 무너져 버렸다. 손톱 깎기, 샤워하기와 같은 기본적인 일상생활도 할 수가 없었다. 우리가 늘 일상적으로 해왔던 단순한 일들이 트라우마로 힘들어지는 것을 보니 우울증이란 병이 크게 느껴졌다. 책 속에서 그녀는 자기가 겪어보기 전에는 우울증을 슬픈 감정이 조금 심하게 느껴지는 것이라고 인식했지만, 겪어보니 우울증은 슬픔을 비롯해 모든 감정이 아예 소멸되는 것이라는 것을 알게 되었다. 어떠한 자극에도 반응하지 않고 감정이 있어야 할 자리에 아무것도 남지 않고 구멍이 뻥 뚫렸다고 표현하였다.

　우리들의 일상에서 평범하고 일상적으로 하는 활동에서는 에너지가 쓰인다는 사실을 잘 깨닫지 못한다. 그런데 정신적으로 심각한 일을 겪으면 정말 사소한 행동에도 에너지가 들어간다는 것을 알 수 있다. 글쓴이는 참사 직후 우울증을 겪으면서 삶에 필요한 에너지를 모두 잃으며 무기력해졌다. 점점 말수가 줄었고, 입을 닫기 시작했다. 그리고 자신을 진심으로 창피하게 느끼게 되는 여러 일이 일어난다.

　내가 만약 이태원 참사의 생존자가 되면 글쓴이보다 더 힘들어하며, 트라우마를 극복하지 못했을 것 같다. 글쓴이는 일상을 회복하기 위해 많은 노력을 한 것을 보고 참사를 겪은 생존자, 유가족 모두 힘들어하지 않았으면 좋을 것 같다는 생각이 들었다. 모두 힘들겠지만 다시 일상으로 돌아가서 행복하게 지내길 바란다.

다른 사람의 시선에 과도하게 에너지 낭비할 필요없어. 남들이 뭐라 하건 너한테 집중해.

_ 황영미, 《체리새우 비밀글입니다》, 문학동네, 2019., 180쪽

이 문장은 다현이가 친구들과의 관계에서 힘들어할 때 다현이 엄마가 다현이에게 해준 말이다. 다른 사람의 시선에 맞추려고 하다 보면 나에게 집중하지 못하고 단점만 찾게 된다. 그렇게 다른 사람의 시선에 전전긍긍하며 사는 것보다 나에게 집중하면서 다른 것을 더 성장시키는 것이 훨씬 좋은 것 같다. 나도 늘 주변 인들과의 관계에서 서로 배려하고 조심하면서 남들 시선을 의식하면서 지내 온 것 같아서 엄마의 조언이 담긴 이 문장이 마음에 들었다.

　다현이도 초등학생 5학년 때 은따를 당한 적이 있기 때문에 친구가 자신을 싫어하면 어쩌나 불안해하고 남들의 시선을 의식하며 나를 이상한 아이라 생각하면 어쩌지 하고 불안해했다. 다른 사람들에게 따돌림을 당하면 누구나 다 그런 생각들을 하며 지내지 않나 싶다. 내가 말을 하고 나서도 아 그때 그 말을 하지 말걸. 그 말로 기분 나쁘진 않을까? 하는 생각들을 하며 일단 내 자신부터 탓하는 것 같다.

　다현이가 친했던 다섯 손가락 친구들과 결별하고 스스로와 친구를 하게 되면서 더 이상 웅크리며 살지 않기로 결심하는 모습이 멋있어 보였다. 다섯 손가락 친구들과 결별 후 챙겨야 할 단톡방이 사라지니 혼자만의 시간이 늘어나서 게임도 하고, 음악도 듣고, 체리새우 블로그에 글도 쓰며 스스로를 다독였다. 다섯 손가락 친구들이 아니어도 다현은 새로운 친구들을 알게 되고 오히려 그 친구들을 더 편하게 느끼고 새로운 친구들과 함께하는 것에 즐거워하는 모습을 보니 내 마음도 안심이 되는 느낌을 받았다. 더 이상 그 친구들에게 잘 보이려고 하지 않아도 되고, 내가 편한 친구, 나를 좋아해 주는 친구를 만나야 행복하다는 것을 느낄 수 있었다.

용기를 가지는 건 어렵지만 비겁해지는 건 쉽다.

_ 이꽃님, 《행운이 너에게 다가오는 중》, 문학동네, 2020., 24쪽

주인공인 은재가 가정폭력으로 힘들 때 친한 친구의 배신으로 아무에게도 말하고 싶지 않았던, 자신이 가정폭력 피해자라는 것을 모두가 알게 되고, 그 일로 수치심에 힘들어하면서 은재는 깨달았다. 언제든 돌아설 수 있는 친구를 얻느니 차라리 혼자가 편하다고. 이처럼 힘들어하는 은재 곁을 지켜주지는 못할망정 다른 친구들과의 관계에서 잘 지내고 싶고 잘 보이고 싶어 비겁한 방법을 택하는 사람들도 있다.

책 내용 중에 지옥에 사는 사람들이 지옥에서 벗어나지 못하는 이유가 나온다. 지옥불에서 누군가 도와달라고 손을 내밀면 지옥불에 휩쓸릴까 봐 그 손을 맞잡을 용기를 내기 힘들다는 것이다. 나라면 용기를 내어 그 손을 잡아줄 수 있을까 하는 고민에 빠진다. 나도 마찬가지로 막상 용기를 내어 누군가를 돕게 된다면 그 책임이 뒤따를 것이므로 고민하게 될 것 같다. 은재 주변에도 그런 사람들이 있었을 것이지만 막상 은재를 가정폭력에서 도망갈 수 있게 도와준다는 것이 어려웠을 것 같다.

은재가 한 말 중에 "내가 안 해 본 줄 알아?"라고 말하는 장면이 안타깝게 느껴졌다. 무심한 이웃과 대수롭지 않게 여기는 경찰들의 행동. 신고를 해도 다시 원점으로 돌아가 결국 아빠한테 더 많이 폭력을 당하는 그런 상황 속에서 은재는 오히려 더 체념하고 묵묵히 상황을 견딜 수밖에 없었을 것이다.

하지만 행운은 오히려 타이밍을 기다리고 있었는지도 모른다. 은재에게 도움을 줄 수 없어 침울한 형수와 우영에게 지유라는 친구가 우리 여기 있다고, 우리에게 이야기해 줄 수 있지 않냐고, 세상 사람들이 다 외면하는 것 같아도 우린 널 이렇게 지켜보고 있다고, 네 걱정하고 있다고. 작은 관심으로 그 옆을 지켜준 친구들과 최 감독 덕분에 은재는 더 이상 혼자가 아니라는 생각에 용기를 내고 자기 스스로 어려움을 이겨낸다.

은재가 무섭고 두려운 고통 속에서 벗어나 앞으로는 행복하게 지냈으면 좋겠다는 생각이 들었다. 비겁하게 모른 척하지 말고 힘든 일이 있는 사람들이 있다면 용기 내어 작은 관심이라도 가질 수 있는 사람이 되어야겠다.

비로소 나는 인간이 되었다. 그리고 그 순간 세상은 내게서 멀어지고 있었다.

_ 손원평, 《아몬드》, 창비, 2017., 221쪽

이 문장은 주인공인 윤재가 친구인 곤이를 위해 철사에게 덤비고, 철사는 그런 윤재를 죽이려 공격하는 장면에서 윤재가 비로소 다른 사람을 위한 행동을 하며 비로소 인간적인 모습으로 변해간다는 내용이 담긴 문장이다.

그리고 마음의 상처가 심해 삐뚤어졌던 곤이도 윤재가 자신을 대신해 철사가 휘두르는 칼까지 맞는 것을 보며 마음을 고쳐먹는다. 그 순간을 통해 윤재 또한 친구에 대한 마음, 감정들을 가지며 인간이 되는 것 같다. 그리고 앞으로 윤재와 곤이는 어떻게 살아갈지, 윤재는 감정을 느끼고 어떻게 표현할지 궁금하다는 생각이 들었다.

감정을 못 느낀다는 것은 어떤 느낌일까? 편도체가 작아서 감정을 느끼지 못하는 윤재의 생활을 색안경을 낀 채 이상하게 바라보는 것이 아니라, 그 상황을 이해하고 존중했다면 어땠을까?

이 책을 읽고 나서 사회에서 일어나는 차별에 대해 다시 생각하게 되었다. 그리고 사소한 것이라도 사회적 차별이 빨리 없어졌으면 좋겠다는 생각이 들었다. 차별을 없애기 위해서 앞으로는 사람들의 다름을 이해하고 존중하며 살아가야겠다는 생각이 들었다.

어쩌면 가족이라는 존재는 더 많이 더 자주 이해해야 하는 사람들일지도 모르지.

_ 이꽃님, 《세계를 건너 너에게 갈게》, 문학동네, 2021., 137쪽

부모와 자식 사이에도 가족이라는 핑계로 서로의 마음을 잘 안다고 생각하면서 외면할 때가 많은 것 같다. 그리고 알겠지 하면서 자신의 마음을 솔직하게 표현하지도 않는 것 같다. 사춘기가 되어 보니 부모님과 부딪히는 점도 많아지고, 그러면서 왜 내 마음을 몰라줄까 하는 서운한 감정들이 생길 때도 있다. 어쩌면 가장 가까운 사이일수록 서로 더 소통하고 이해하며 지내야 하는 것 같다.

　얼마 전에 도덕 수행평가를 하면서 엄마의 마음을 좀 더 알게 되었고, 마음으로는 나를 미워하지 않는다는 것을 알 수 있었다. 우리에게는 가족과 같이 밥을 먹고, 엄마와 티격태격 다투고 하는 평범한 일상이 은유에게는 기적일 수 있겠다는 생각에 앞으로는 가족과 보내는 시간을 소중히 생각하겠다고 마음을 가지게 되었다. 은유도 아빠의 마음을 알고 과거에서 온 편지로 만난 엄마 덕분에 엄마에 대해 알게 되고 아빠와의 오해도 풀게 되어서 다행이라고 생각했다.

배신자는 정말 싫습니다.

_ 배수아 외, 《문장, 고민하다》, 매일신문, 2020., 77쪽

배신은 누구에게나 상처를 준다. 나 또한 친구들끼리 같이 지내다가 서로 편이 나뉘어 서로가 서로를 미워하는 중간에서 어떻게 해야 할지 몰랐다. 어느 쪽도 배신하기 싫었고, 상처를 주기 싫었다. 그리고 나도 상처받기 싫었다. 그 상황이 너무 속상하고 불편하였다. 매일 같이 놀고 지내던 친구들이 한순간 배신을 하고 서로 적이 되어버렸다. 그런 일을 경험하니 배신이라는 단어는 무섭고 다시는 나에게는 일어나지 않은 일이었으면 좋겠다는 생각을 했다.

하지만 앞으로 더 많은 날을 지내야 하고, 성장해 나가는 사람이므로 배신이라는 말을 너무 힘들게 생각하지 말고 그런 상황들이 생겼을 때 어떻게 해결하고 나아갈지 고민해 봐야겠다는 생각도 들었다. 친구들과 잘 소통하고 지내며 화가 났을 때 즉흥적으로 행동하지 않고 다시 곰곰이 생각해 본다면 배신이라는 단어는 우리 곁에서 멀어질 것이라고 생각한다.

배신을 견디다 보면 어느샌가 자신이 성장하고 남의 말에 휘둘리지 않는 마음을 가지게 될 것이다. 그러면 주변 지인의 배신으로 상처를 받은 '나' 자신에게 배신은 자신의 잘못이 아니라고, 결국에 내가 성장할 것이라고 위로를 해주고 싶다. 그 상처를 없애기 위해 나를 망가뜨리지 않고 자신감을 가졌으면 좋겠다. 누구나 배신을 당할 수도 있다. 하지만 당했을 때 자신감을 가지고 생활을 해보면 어떨까?

박지안의 문장들

문이 막히면 담을 넘으면 되지 않겠습니까?

_ 김정인, 《담을 넘는 아이》, 비룡소, 2019., 104쪽

어려움이 닥쳤을 때 그 상황에 갇혀 있지 말고 새로운 길을 모색하는 것이 중요하다는 의미를 담고 있는 문장인 것 같다. 이 문장을 읽을 때는 역시 주인공은 주인공이라고 느꼈다. 항상 주인공은 모두가 예상하는 대로 행동하는 나랑은 달리, 예상대로 행동하지 않는 모습이 멋져 보였다. 주인공이 위 문장을 말하니까 새로운 것에 도전하는 것을 두려워하지 않는다는 것이 너무 잘 느껴져, 그 사고가 대단하고 용감한 것 같다고 생각했다. 내가 가고자 하는 길을 조금 돌아서 가면 좀 어때, 시간이 오래 걸리고 험난하더라도 목표를 이룬다면 그것으로 되는 것이 아닌가? 사람들이 한 곳만 바라보고 있을 때 여러 곳을 보면 그 사람들보다도 훨씬 빨리 목표에 도달할 수 있다. 주인공은 역시 주인공이다.

하지만 나는 주인공과는 달리 무의식 중에도 많은 사람들이 가는 길, 즉 확인된 안전한 길로만 가려고 하는 것 같다. 내가 새로운 생각을 떠올려도 그걸 스스로 무시해 버리는 것이 이제는 습관이 되어버렸다는 것도 알게 되었다.

이 문장을 읽었을 때 나는 이때까지 잘 풀리지 않는 문제와 만났을 때는 어떻게 행동했는지 떠올려 보았다. 그리곤 내가 너무 주어진 길로만, 편협한 생각만 하고 있었다는 것을 깨달았다.

우리들이 가려고 하는 길의 방향을 살짝만 틀어도 새로운 생각, 행동을 할 수 있을 텐데 우리는 너무 안전하다고 생각되는 길로만 가려고 고집하는 것이 아닌가 하는 생각이 든다. 이제부터 주인공처럼 시선을 넓게 살아가 보려고 노력할 것이다. 또 더 이상 어떤 상황이 와도 한 가지 생각만 가지지 않을 것이고, 새로운 길을 개척해 나가고 싶다.

나는 늘 병원복을 입으면서도 계절이 바뀔 때마다 옷을 샀어. 언젠가 입겠지 하는 마음으로.

_ 클로에 윤, 《어느날, 너의 심장이 멈출거라 말했다》,
  팩토리 나인, 2021., 110쪽

이 문장이 인상 깊었던 이유는 주인공이 아프면서도 자신이 산 옷을 입고 있는 모습을 상상하면서 소소하게나마 행복을 찾았기 때문이다. 아마도 무기력하게 누워 있던 일상 속에 작은 즐거움으로 옷을 사는 것을 택했을지도 모른다. 한편으로는 이렇게 긍정적일 수 있나 하는 생각도 들었다.

병원 생활은 제약이 있는 곳인데도 자신의 삶을 즐기고 긍정적으로 생각하는 것이 대단하다고 느껴졌다. 나는 여주인공의 마음가짐과 사고방식을 이느 정도는 이해할 수 있었다. 나도 기분 전환을 위해 내가 좋아하는 행동을 하곤 하니까.

그때는 병원복 차림이었지만 지금은 그 옷을 입어볼 수 있는 시간이 생겨 행복할 것 같다. 나는 평상시에도 새 옷을 입을 때 행복한데, 꿈에 그려왔던 옷을 입는 게 얼마나 행복할까. 아마 그 많은 옷을 1분 1초라도 더 입고 싶었을지도 모른다. 그래서 주인공이 지금 옷에 관심이 많나 싶기도 하고. 이제는 행복하기 위한 방법으로 옷을 사는 것이 아니라 온전히 자기가 가지고 싶은 옷이 있을 때, 멋을 부리기 위한 선택이었으면 좋겠다. 계절이 바뀔 때마다 옷을 사는 것이 아닌 매일 멋을 부리기 위해 옷을 입었으면 좋겠다.

지금은 병원에 있지 않지만 글쓴이에게 다시는 그런 상황이 없었으면 좋겠다. 어려운 상황 속에서 행복할 수 있는 방법을 찾는 모습을 보면서 나도 긍정적인 영향을 받았고, 많은 생각을 할 수 있었다. 여주인공의 긍정적인 에너지가 나까지 행복하게 만드는 것 같다. 하지만 가끔은 너무 긍정적이지 않았으면 좋겠다. 어쩌면 너무 긍정적이어서 힘든 일을 마음에 묻고 있는 줄도 모를 수 있으니까. 가끔 힘든 상황이면 여주인공이 떠오를 것 같다. 나도 힘들 때는 그 상황 속에 갇혀 있지 않고 긍정적으로 극복할 수 있는 방법을 찾으려고 노력해야겠다.

사람에게는 고통스러운 일은 기억에서 차단하고 행복한 일은 매 순간을 또렷하게 기억할 수 있는 능력이 있다고 한다.

_ 김혜연, 《우연한 빵집》, 비룡소, 2018., 58쪽

실제로 나도 상처받거나 슬펐던 일을 잘 기억하지 못한다. 반면에 행복했던 기억은 잘 기억한다. 그런데 내 친구들 중에는 힘들고 부정적인 감정을 느꼈던 기억을 더 잘하는 친구들이 더 많다. 그 친구들은 나처럼 힘든 기억을 빨리 잊어버리길 바란다. 그렇지만 나는 힘든 기억을 빨리 잊어버리는 것이 그다지 좋지는 않다. 평소에 힘들었던 기억이 떠오르지 않는 것은 좋지만 친구가 속상한 점을 이야기할 때 나도 분명 비슷한 경험이 있었는데, 속상했던 적이 있었는데, 기억이 나지 않아 공감도 잘 못 해주겠고, 마음에 감정은 남아 있는데 머릿속은 텅 비어 있고, 기억이 나지 않으니 풀 수도 없고, 좋지 않은 감정만 그대로 쌓이고 있다.

나는 이 능력을 긍정적으로 보지 않지만 이 능력을 바라는 친구들에게 이 능력이 있었다면 어땠을까? 주변 친구들 말을 들어보면 나만 이런 생각하는 것 같다.

사람에게는 고통스러운 일은 기억에서 차단하고 행복한 일은 매 순간을 또렷하게 기억할 수 있는 능력이 있다는 것은 흥미롭기도 하다. 긍정적으로 생각해 본다면 과거의 고통을 차단함으로써 우리를 지나친 스트레스, 불안 등으로부터 보호하여 밝은 태도를 유지할 수 있을 것 같긴 하다.

하지만 나는 사람들에게 이런 능력은 없다고 생각한다. 만약 있다면 사람들이 지금처럼 지냈을까? 만약 그렇다면 이것보단 활기차고 행복한 감정만 느꼈을 것이라 생각한다. 사람들이 행복한 일만 기억하고 싶은 것은 당연하지만 고통스러운 기억도 성장하는 데 중요하다고 생각한다. 고통스러운 일은 교훈을 주기도 하고 사람을 성숙하게 성장하게 만든다고 생각한다.

그래서 나는 이런 능력보다는 어떤 시련도 긍정적으로 극복해 나가는 능력이 있다면 좋을 것 같다. 즉, 고통스럽고 슬펐던 순간을 억지로 잊기보다 그 순간을 성장의 발판으로 삼아 앞으로 나아가는, 활용하는 것이 훨씬 유익하다고 생각한다.

마지막에 보는 얼굴은 헤어질 걸 알고 슬퍼하는 얼굴보다 아무것도 모른 채 해맑게 웃는 얼굴이 좋거든.

_ 유이하, 《너와 나의 365일》, 모모, 2023., 59쪽

무채병에 걸려 이 세상에 존재하는 색을 점점 보지 못하고, 약 1년 동안 서서히 죽어가던 주인공은 자기가 무채병에 걸렸다는 사실을 알고 있음에도 친구들은 물론 가족들까지 이 사실을 알리지 않았다.

나는 왜 알리지 않았는지 궁금했다. 나라면 이제 색이 점점 보이지 않고 죽어가는 느낌을 받을 때 무섭고 두려워서라도 이를 알렸을 것이다. 하지만 주인공의 말을 읽고 조금 생각해 보니 생각이 바뀌었다. 평소와 똑같이 생활하고 즐겁게 지내면서 마지막을 보내는 것이 더 좋은 선택인 것 같다는 생각이 들었다.

주인공의 말과 같이 미리 헤어질 것을 알고 슬퍼하기보다는 마지막까지 아무것도 모른 채 웃는 모습을 보고 떠나는 것이 마음 편할 것 같기도 하다. 하지만 만일 그렇게 된다면 남은 가족들과 친구들은 더욱 슬퍼하고 심하면 내가 왜 몰랐을까, 행복한 추억을 만들어 줄걸 하는 생각에 죄책감을 가질 수도 있겠다는 생각이 들었다.

아무한테도 자기가 무채병에 걸렸다는 사실을 밝히

지 않으면 마음속에서 죽음에 대한 두려움과 그에 따르는 아픔을 홀로 견뎌내야 할 것이다. 하지만 항상 내가 이 사람들을 속이고 있다는 생각이 들고, 남에게 내 아픔과 두려움을 밝히지 못해 더 답답하며, 결국은 혼자서 죽을 것이라는 그 두려움을 떨쳐내지 못할 것 같다. 만약에 내가 약 1년 이내에 죽게 된다면 그 사실을 알릴 것인지 아니면 숨길 것인지 계속 생각해 봤는데 결정할 수 없었다.

그리고 이 문장을 읽으면서 느낀 것은, 이별의 슬픔보다는 내가 살면서 소중했던 추억들을 간직하고 싶다는 주인공의 마음이었다. 주인공이 그런 평범하고도 행복한 일상을 보내고 눈을 감는 순간을 상상하면 가슴 아프면서도 추억만 가득 안고 떠난다는 것이 내 마음에 와닿았다. 나에게 소중한 사람들에게 슬픔을 주지 않고 마지막까지 그 사람들과 행복한 기억만 남기고 가고 싶다는 생각인 것 같다.

주인공은 자신이 힘든 것을 견딜 만큼 정말 주변 사람들을 아끼고 두려움을 극복할 수 있는 대단한 사람인 것 같다. 글을 읽고 다시 생각할수록 의미가 깊어지고 가슴이 먹먹해진다. 약 1년이란 시간 동안 행복한 추억들만 가득하길 바란다.

바꾸어 말하면 평범하게 살기를 바랐던 게 아닐까.

_ 손원평, 《아몬드》, 창비, 2017년., 81쪽

이 책을 읽으면서 주인공의 설정이 감정불능인 것이 신기했다. 감정을 느끼지 못하는 상황에서 주변과 소통하는 것이 얼마나 어려운지 잘 보여준 것 같다. 감정이 없다는 것은 단순히 감정을 느끼지 않는 것뿐만 아니라 상대방의 감정과 의도를 파악하기 어려울 텐데, 그럼에도 불구하고 주인공이 엄마의 뜻을 이해하려고 하는 것이 인상 깊었고 감동적이었다.

　주인공이 엄마 마음을 이해하려고 애쓰다가 자기도 모르게 마음이 복잡해져서 이런 생각을 하게 되었고, 이제 자신의 곁에 없는 엄마가 자기한테 원하는 것은 무엇이었을까 고민을 했던 것 같다. 그리고 이 문장을 보면 주인공의 이해력으로는 엄마의 마음을 완전히 이해할 수는 없지만 글을 읽다 보면 주인공이 엄마의 마음을 이해하려 애쓰는 모습과 엄마의 기대에 자신을 맞추려는 노력을 하는 것이 정말 대견하고 많이 큰 것 같긴 하지만, 한편으로는 안쓰럽다. 물론 노력하는 것은 좋지만 무조건 그것이 맞는 것은 아니니까 너무 엄마의 기대에만 자신을 맞추려 하지 않으면 좋겠다. 또한 이 책을 통해서 우리는 감정을 배우지 않아도 상대방의 뜻과 마음을 이해하려는 노력과 자신이 찾아가는 자기 삶의 의미 등이 굉장히 중요하다는 것을 느꼈다.

 또 어떤 것이 진정 평범한 것인지 궁금하다. 무조건 많은 사람이 한다고 해서 평범한 것인가 하는 궁금증이 생겼다. 자기대로 살면 그게 나름대로 자신에게는 무난하고 평범한 삶이 아닌가.

 이 책을 읽으면서 평소에 생각하지 않던 것을 많이 생각해 본 것 같고, 주인공 입장에서 생각해보면 우리에겐 평범하게 느껴지는 것도 다를 수 있다는 것을 알게 되었다. 또 이 책은 독자에게 삶의 의미 등을 고민하고 자신의 삶을 다시 돌아보게 만드는 것 같다. 그리고 주인공이 타인을 이해하려는 노력과 자기가 생각하는 평범함에 맞추면서 자신의 삶의 목적을 찾는 과정을 보여줌으로써 주인공이 성장하는 모습이 감동적이면서 안쓰럽다고 느껴진다.

소년은 모든 아이 중에서 가장 불쌍한 아이, 즉 부모가 있으면서도 고아처럼 자란 아이였다. 길에 깔린 포석도 어머니의 마음만큼은 차갑지 않았다.

_ 빅토르 위고, 《레미제라블》, 웅진다책, 2007., 89쪽

소년은 실제로 부모가 있음에도 불구하고 자기 부모가 제대로 돌봐주지 않아서 고아처럼 자랐다. 부모가 있음에도 사랑을 받지 못했기 때문에 고아보다도 더 사랑이 고팠을 것이고 하루하루가 얼마나 고통스러웠을지, 아이의 부모가 너무 잔인하다고 생각한다. 그 아이의 부모는 자식에게 지지를 해주지 못할 망정 포석처럼 차가운 마음으로 대하니 고아인 것보다 더욱 더 외롭고 슬플 것 같다. 상처도 많이 받았을 듯하다. 나였다면 살아가는 1분 1초가 지긋지긋하고 괴로워 집을 나올 생각조차 하지 않고 태어났으니 살고 있을 것 같다.

　또 포석과 어머니의 마음을 비교하면서 소년의 어머니가 자신에게 얼마나 냉정하고 차갑고 무관심한지 보여주는데, 얼마나 무관심했으면 포석과 비교를 할까 정말 안타깝다. 소년은 지금은 밝고 쾌활하지만 나중에는 어떻게 될지 궁금하다.

　어떤 등장인물 중 그 소년에게 웃고 있어도 표정이 어둡다는 말을 한 적이 있다. 그 표정이 무슨 표정인진 모르겠지만 어떤 감정들이 표정에 드러나는지는 이해가 된다. 관심과 사랑이 없이 컸기에 자신이 행복하다고 생각해도 사실 슬프고 외로운 마음이 표정에 묻어난 것이 아닌가 싶다. 아마 어머니에게는 소년이 투명인간이 아닐까.

 투명인간 취급을 받는다는 생각만 해도 최악인 것 같다. 다른 누구도 아닌 가족에게. 생각만 해도 나는 내 자신이 너무 싫을 것 같고 가족들을 원망도 할 것 같은 데 소년은 정말 강한 사람인 것 같다. 이 문장을 읽으면서 가족의 관심이 소중하다는 것을 알았다. 아이가 행복하기 위해서는 부모의 진정한 관심과 사랑이 필요한 것 같다.

이정민의 문장들

"다른 친구 생길 때까지 참는다는 게 이렇게 오래될 줄 몰랐네."

_ 이꽃님, 《죽이고 싶은 아이》, 우리학교, 2021., 188쪽

자신이 친구라고 생각하며 마음대로 부려 먹어도 아무 말 못하던 왕따 같은 아이가 갑자기 다른 친구가 생길 때까지 내가 하는 행동을 참고 있었던 것이었다니. 책을 읽던 나도 어이가 없었다. 책에서는 신나게 왕따 같은 친구로 묘사하더니만 갑자기 그 친구가 폭발해서 자신이 이때까지 네가 하라는 대로 하면서 참고 있었다고, 그렇게만 하니까 돈도 생기고, 옷도 생기고, 신발도 생기니까 이때까지 널 이용해 먹은 것이 맞다고 말하니까 내가 책 안에 있는 인물도 아닌데 마음 한 편에 분노가 차올랐다.

처음 책을 읽기 시작할 때 무조건 주연이가 범인이고 잘못은 주연이가 다 한 줄 알았는데 이제 와서 제일 불쌍한 사람은 주연이라는 생각이 들었다. 죽은 친구가 자기가 아니면 친구 없지 않냐며, 오히려 속은 것은 주연이라고 하는데, 그 순간 주연이는 너무나도 상실감이 크고 정신적으로 충격이 컸을 것이다. 정신적 충격 때문에 그 친구와 다투던 기억도 나지 않고, 현장에 자신의 지문이 묻은 벽돌이 나오면서 모든 증거가 자신을 가리키니까 어쩔 수가 없이, 자기 스스로도 자신이 범인이 아닌지 의심하는 상황이 되었다.

주연이의 입장에서 범인으로 몰리는 것은 굉장히 억울하지만 주연이는 충격으로 아무것도 기억을 못해서 자신이 범인으로 몰리고, 무슨 말을 해도 세상은 자기 듣고 싶은 대로 듣는다는 것을 깨달았다. 이 책을 읽고 나니 나도 저렇게 억울한 일을 당할 수 있고, 세상은 자기들이 듣고 싶은 대로만 들으면서 피고인을 구박하고, 세상 사람들의 마음을 움직이기 쉽지 않다는 것을 깨달았다.

"제가 그런 거…… 아니예요."

_ 이꽃님, 《죽이고 싶은 아이》, 우리학교, 2021., 24쪽

이 세상에 범죄를 저지르는 사람들이 많은데, 그들 중 자신의 범죄를 인정하지 않고 자신이 받을 형량을 줄이려고 돈을 주고 변호사를 세우는 사람들이 있다. 죄를 짓지 않아 억울함을 풀기 위해 노력하는 것은 필요하다. 그런데 자신이 지은 죄는 생각하지 않고 어떻게든 발버둥을 치면서 죗값을 적게 받으려고 하는 사람들이 하는 말은 모두 똑같다. "제가 그런 거 아니예요." 역겨운 말이다. 자신이 했던 나쁜 일은 아무렇지 않게 생각하고, 안 그랬다고 우기고, 반성을 하지 않고 똑같은 범죄를 반복하여 저지르는 나쁜 범죄자들이 이 세상에 다니는 것 자체가 잘못되었다는 생각도 든다.

제대로 반성하지 않는 범죄자들은 교도소에 들어갔다가 다시 나와서 범죄를 저지르고, 또 감옥에 들어가고, 또 나와서 범죄를 저지르고, 또 수감되고 하는 행동을 반복된다. 죄를 제대로 뉘우치지 않고 범죄를 계속 저지르니까 이 세상에서 범죄가 사라지지 않는 것이다.

이 문장에서도 기억이 안 나는 척 연기를 하며 형량을 줄일 생각을 하고 있다는 의심이 든다. 이 아이의 변호를 맡은 변호사는 자신의 직업이니 아무리 의심이 가더라도 최후까지 믿어주고, 최대한 처벌을 받지 않거나 약하게 받도록 해야 한다. 그렇지만 아마 마음속으로는 명백하게 증거와 정황이 있는데도 반성하지 않고, 자기가 하지 않았다고 하는 것을 보며 나와 같은 생각을 하지 않았을까 한다.

그건 그저 겁에 질린 한 소녀의 눈빛일 뿐이었다.

_ 이꽃님, 《죽이고 싶은 아이》, 우리학교, 2021., 148쪽

이 글의 주인공인 주연이는 자신의 친구인 서은이를 죽이지 않았다. 단지 인터넷, SNS 등 모든 곳에서 주연이가 서은이를 죽였다고 할 뿐이었다. 아무리 거짓된 말도 여러 사람이 말하면 진실이 된다는 말을 한 번쯤은 들어봤을 것이다. 모든 곳에서 나를 저격하는 글을 쓰며 나를 범인으로 몰아간다. 이런 상황에서 아무리 자기가 살인을 하지 않았더라도 버틴다는 것은 쉽지 않다.

　학교생활에서도 자신이 한 짓이 아닌데 한 번씩 소문이 퍼질 때가 있다. 그럴 때 당사자는 아니라고 하지만 이미 퍼진 소문을 주워 담을 수는 없다. 결국 그 소문대로 자신이 한 짓이 아니지만 자신이 하게 된 것처럼 되는 것이다. 지금 주연이가 처해 있는 상황도 그런 것이다. 단지 학교 학생들이 아닌 대중들. 온라인에서 글을 쓰는 대중들이라는 점이 다를 뿐. 겨우 100명, 200명 그 정도가 아니다. 거의 100배에 달하는 사람들이 주연이를 욕하고 있는 것이다. 많은 사람이 자꾸 자신이 범인이라고 말하니까, 그래서 자신이 범인이라고 나 자신도 누구도 믿지 못할 세상에서 가장 믿을 수 있는 존재인 자신도 자신이 범인이라고 생각하게 된다.

자신이 범인이 아니라고 생각하지만 주변 사람들이 그렇게 말하니까 어쩔 수 없이 자신이 범인이라고 생각하는 것 같다. 자신의 기억이 끊긴 것도 친구가 자신을 속였다는 충격과 친구가 죽은 충격이 겹쳐서 기억이 끊겼는데 그 기억이 주변 사람들 몇 만 명의 사람들로 인해서 기억이 바뀌었다는 게 너무 안타까웠다. 자신이 범인이라고 말하지만 속으로는 자신이 범인이라는 것을 부정하고 있는 것을 알려 주는 문장이기에 기억에 남았다.

그날 아이들은 해가 저물어서야 조용히 귀가했다.

_ 문지유 외, 《흔들리는 지하철 안에서》, 부카, 2020., 275쪽

내가 이 문장이 기억에 남는다고 하면 다른 사람들은 "마지막 문장이라서 그런 것 아니야?"라고 생각할 것 같다. 하지만 마지막 문장이라서 그런 것은 아니다.

사람들은 대부분 자신의 이익을 위해서나 자신에게 불리한 상황을 모면하려고 거짓말을 한다. 나도 어렸을 때 그 상황만 회피하면 끝일 것이라고 생각해서 자꾸 거짓말을 했다. 숙제를 다 했다고 거짓말을 하기도 하고, 몰래 게임을 했는데 안 했다고 거짓말을 하고…. 그런데 이것은 어렸을 때나 하는 생각이다.

나는 이 사건 이후로 다시 일상으로 돌아갔다는 문장을 읽으며 그 사건이 있었던 상황만 모면하면 되고 이제는 지나간 일이니까 기억하지 않아도 된다는 의미로 해석했다. 이 사회의 참사, 아픔은 우리가 꼭 기억하고 다시는 일어나지 않게 조치도 잘 해야 하는데 사람들이 모두 이 사건을 잊으면 그 일을 기억해 주는 사람들이 없으니까 어떠한 조치도, 방안도 안 나오는 듯하다.

기억을 하지 않으면 또 참사가 벌어진다. 지하철 화

재 참사를 잊고 원인을 정확하게 파악하지 않으면 다른 곳에서 비슷한 행동으로 더 큰 피해를 가져오게 될 것이다. 각자가 비상상황 시 해야 할 행동 수칙을 제대로 교육받지 않으면 허무하게 목숨을 잃게 될 것이다.

  이런 참사가 벌어지지 않게 조치나 방안과 대피 훈련, 교육 등을 다 잘해 놔야 이런 일들이 다시 반복되지 않을 것 같다. 앞으로는 나는 이 문장을 기억하며 사회적 참사를 기억해야겠다.

어리석게도, 조금만 주위에 귀를 기울이고 조금만 주변 환경을 바라본다면 살 수 있을 텐데 그들은 그러지 않았다.

_ 문지유 외, 《흔들리는 지하철 안에서》, 부카, 2020., 133쪽

이 책은 대구 지하철 중앙로 화재 참사를 다루고 있다. 주인공은 대구 중앙로 지하철 화재 참사가 일어난 시점으로 계속 회귀하며 사람들을 구하려 발버둥을 친다. 주인공이 아무리 불이 날 것이라고 말해도 사람들은 오물 보듯이, 깨끗한 도시에 버려진 쓰레기마냥 주인공을 취급했다. 사람들은 주인공이 그런 말을 해도 안내방송에서는 곧 출발한다고, 주인공을 보며 한심하다는 듯한 눈빛을 보냈지만, 그럼에도 불구하고 사람들을 구하기 위해 주인공은 외쳤다. 열차 출발 안 한다고, 여기 있으면 불에 타 다 죽는다고. 그렇게 소리쳤지만 사람들은 정신병 환자마냥 취급했다.

　누구라도 생각을 잠시만 해보면 만약 내가 지하철 안에 있고 빨리 가야 하는데 어떤 사람이 불이 났다고 한다. 그런데 불은 커녕 연기도 보이지 않는다. 그러면 어떻게 하겠는가? 불이 났다고 말하는 사람의 말을 들을 것인가? 나는 듣지 않을 것 같다.

　이 문장처럼 주위에 귀를 기울이고 조금만 더 주변 환경을 바라보면 무엇이든지 할 수 있다고 생각한다. 학교에서 친구의 말에 귀를 기울이면 더욱 재미있게 학교생활을 할 수 있고, 회사 생활에서도 주변에 귀를 기울이면 문제를 해결하기 위해 더 좋은 방법을 찾을 수 있다. 이처럼 우리도 주변에서 말도 안 되는 말을 하더라도 그 사람의 말을 무시하면 기분이 어떨지. 무시를 당하는 기분이 얼마나 비참한지 같이 생각해 보며 행동하도록 하자.

한국음식을 너무 먹고 싶어서 인터넷으로 음식 사진을 검색해 구경하기까지 했다.

_ 손흥민, 《축구를 하며 생각한 것들》, 브레인스토어, 2019., 68쪽

나는 이 문장을 읽고 울었다. 한 5학년 때였나? 엄마가 이 책을 사 왔을 때였다. 엄마가 그때 당시에 축구에 꽂혀 있었던 나에게 내가 읽을 책을 사오셨다고 했다. 나는 책을 싫어했지만 손흥민이 우리나라 최고의 축구 선수이자 잉글리시 프리미어리거였기에 한번 보기로 했다. 한 장, 한 장 넘길 때마다 너무 재미있어서 계속 읽게 되었다.

그러다가 이 문장을 읽게 되었다. 5학년 정도 됐으면 울지 않았어야 했는데 너무 슬픈 문장이어서 울어버렸다. 외국에 가면 우리나라 음식을 먹지 못한다는 것이 가장 큰 단점이라고 생각한다. 하지만 손흥민은 그런 외국에서 살아야 했다. 한식을 먹고 싶어서 노트북에 검색하다니…. 진짜 너무 불쌍하다는 생각밖에 들지 않았다. 말로 설명하기도 어려웠다. 단지 너무 불쌍해서 울었다.

어떤 사람들은 왜 이 문장을 읽고 울 수 있냐고 하지만 자신이 좋아하는 것을 하기 위해 또 다른 좋아하는 것을 포기하는 것이 엄청나게 어렵다는 것을 나는 안다. 그런데 한식을 먹고 싶어서 노트북에 자신이 먹고 싶은 한식을 검색해서 보면서 그 욕구를 억누른다고 생각하니까 너무 불쌍했다. 나는 한식을 먹고 싶으면 차라리 인터넷에는 검색을 하지 않고 어떻게든 그곳에서 한식집을 찾을 텐데 손흥민은 나와 다르게 노트북에 한식을 검색하면서 버틴다니….

 하지만 이런 일에도, 엄청난 노력을 통해서 지금은 누구도 넘보지 못할 자리까지 올라간 것이 아닌가? 나는 지금 그런 손흥민을 보면 감탄밖에 나오지 않는다. 독일에서 인종차별도 당하고, 별의별 일을 다 겪고도 그런 자리까지 올라가다니. 나도 손흥민처럼 아무리 힘들어도 포기하지 않고 언젠가는 내가 하고 싶은 일을 해내고 말 것이다.

여러 가지 이유로 존재감이 사라지며 모두에게서 소외된 사람. 나는 그들을 '비스킷'이라고 부른다.

_ 김선미, 《비스킷》, 위즈덤하우스, 2023., 7쪽

우리가 살다 보면 한 번씩 아무도 말을 걸지 않는 사람들이 보인다. 소외된 사람. 이 책에서는 그런 사람들을 '비스킷'이라고 부른다. 비스킷도 단계가 나뉘어져 있는데 1단계는 그래도 조금 관심을 가지는 정도이고, 2단계는 거의 관심을 가지지 않는 정도, 3단계는 관심이 아예 없는 것을 넘어 보이지 않는 정도를 말한다. 주인공은 이런 비스킷들이 보여서 그 비스킷들과 놀아주기도 한다.

우리도 사회생활을 하다 보면 소외된 사람이 있는 것을 봤을 것이다. 하지만 그런 사람을 봐도 딱히 말을 걸지는 않는다. 왜 그럴까? 주변 사람들도 말을 걸지 않았다고 걸지 않는 걸까? 더러울까? 꼴 보기 싫을까? 그런 게 아니다. 단지 내가 소외된 사람을 건드리면 나도 저 사람들처럼 소외되지 않을까 하는 두려움 때문에 사람들은 말을 걸지 않는다고 생각한다.

하지만 간혹 가다 말을 거는 사람이 있다. 나는 그런 사람들을 보며 굉장히 용기 있고, 멋있다고 생각한다. 나도 딱히 차별을 하지 않지만 소외된 사람에게 말을 거는 것을 꺼린다. 하지만 다른 누군가는 말을 걸며 친구가 된다. 내가 못하는 것을 하는 사람이라니…. 대단하다고 생각한다.

 반대로 차별을 하는 사람들은 주변에 많다. 조금만 눈을 돌려보면 거의 다 차별을 하고 있을지도 모른다. 우리가 그런 소외된 사람들에게 다가가지 않는다면 어느 누군가가 다가가겠는가? 우리도 인간이고 상대도 인간이다. 감정을 느낀다. 그런 사람들을 따돌리는 것은 옳지 않다. 사회에 소외된 사람들이 사라질까? 나는 소외된 사람들이 사라지는 날을 기다린다.

악몽 같은 사회적 비극을 잊지 말자. 기억해 주자. 그래야 세상이 조금이라도 안전해진다.

_ 산만언니, 《저는 삼풍 생존자입니다》, 푸른숲, 2021., 106쪽

우리가 사회적 비극을 겪고 나면 항상 하는 말이 있다. 사회적 비극을 잊지 말자. 기억하자. 이런 말들을 계속 뱉는다. 나도 그래왔다. 사회적 비극에 관한 글을 쓸 때 사회적 비극을 추모하자고, 잊지 말자고, 기억하자고. 이렇게 계속 말을 해왔다. 그런데 이 책에 나와 똑같이 말한 문장이 있어서 기억에 남았다. 이 문장은 토시도 틀리지 않고 옳은 말들로만 적혀 있다. 그리고 우리가 왜 사회적 비극을 추모해야 하는지, 기억해야 하는지, 잊지 말아야 하는지를 한 번 더 곱씹게 한다.

사회적 비극은 우리가 사회에서 잊지 말아야 할 부정적인 사건이다. 그런 사건을 왜 기억해야 할까. 만약 대구 중앙로 지하철 화재 사건 때의 일을 아무도 기억하지 않는다면, 지하철은 불에 잘 타지 않는 재질로 바뀌지 않았을 것이다. 그것을 그대로 두면, 지하철은 불연 소재로 바뀌지 않았을 것이다. 그러면 화재 사건의 반복이다. 인명 피해가 발생할 것이고, 다시 기억하지 않으면 계속 도돌이표일 것이다. 고쳐지지 않고, 죽고, 고쳐지지 않고, 죽고…. 이런 식으로 반복이 되면 안 되기 때문에 사회적 비극을 잊지 말고 기억해야 한다.

이러한 비극을 왜 추모해야 하는가? 내 가족은 죽지 않았다고 간혹 이러한 사회적 비극을 기억하지 않고 추모하지 않는 사람들이 있다. 물론 추모해야 할 의무는 없지만 추모하면서 기억도 되기 때문에 기억하라고 추모하라는 것이다. 기억해야 우리가 조금 더 나은 세상, 안전한 세상에서 살 수 있는 것이다.

나도 처음으로 이러한 비극을 들었을 때는 그것을 왜 기억해서 잊지 않고 추모해야 하는가를 계속 생각해 봤다. 하지만 금방 답을 찾을 수 있었다. 만약 내 가족 중 한 명이 그 현장에 있었다면? 그런데 아무도 기억해 주지 않는다면? 너무 슬플 것이다. 조금만 더 사회에 관심을 가지고 사회적 비극을 오늘부터라도 좋으니까 기억하자.

이채현의 문장들

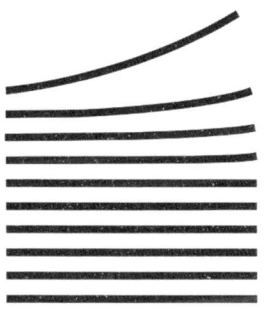

"사람들은 원래 이익이 없으면 다른 사람을 돕지 않는다. (중략) 울지도, 화를 내지도, 누군가를 돕지도 않을 것이다. 그게 인간다운 거니까."

_ 김민서, 《율의 시선》, 창비, 2024., 71쪽

율의 아버지가 교통사고로 목숨이 위태로운 상황임에도 불구하고, 사람들은 그 사고를 그저 하나의 구경거리인 듯 어떤 대처도 하지 않고 지켜만 보고, 누구도 도와주지 않았다. 결국 율의 아버지는 돌아가셨다. 심지어 경찰이 오자 자신에게 피해가 올까 봐 진술하기 싫다며 피하는 사람들을 본 후로부터 율은 사람은 원래 자신의 이익만 위해서 산다고 마음속에 깊게 박힌 것 같았다. 내가 율이라도 그렇게 생각할 수밖에 없을 것 같다. 가족의 목숨이 위태로운데 아무도 도와주지 않고 멀뚱멀뚱 쳐다보고만 있는 상황을 상상하니 정말 끔찍하고 평생 트라우마로 남을 것 같다.

나는 율이 실제로 인간적이고 도덕적인 사람을 만나서 다시 원래대로, 밝은 모습을 보여줬으면 한다. 왜냐하면 그 깊게 박힌 상처는 쉽게 아물지 않을 테지만 청소년, 고작 중학교 3학년 학생이 그런 생각을 한다고 생각하니 안타깝고 모든 인간이 율이 생각하는 것 같지는 않기 때문이다.

그리고 이 문장을 보다 보니 한편으로는 이 문장이 맞는 것 같기도 하다. 현실은 따뜻한 사람보다 자신을 우선시하는 사람이 훨씬 더 많은 것 같다. 요즘에는 자신의 이익이 없으면 굳이 다른 사람을 돕지 않는 세상이 된 것 같다. 나는 이해가 가지 않는다. 누군가를 도움으로 인해 나에게 피해가 오더라도, 옳은 일이라면 난 도와줄 것이다. 그게 바로 인간이라고 생각한다.

학교에서 도덕 시간에 인간적인 사람에 대해 배웠는데, 도덕 시간에 내가 배운 내용은 이 문장의 정반대인 것 같다. 인간적인 사람이란 자신에게 이익이 없어도 누군가를 도울 수 있고, 난생 처음 보는 사람이라도 옳은 일이라면 도와줄 수 있는 것이 사람이다. 난 앞으로 인간적인 사람이 되도록 노력해야겠다.

모든 사람이 인간적이지 않고 자신의 이익만을 위해 살아간다면 세상은 결국 인간 때문에 망할 것이라고 생각한다. 나에게는 사소한 일이라도 누군가에게는 큰 도움이 될 수가 있고, 살짝만 배려하고 생각을 해주고 관심을 가져준다면 누군가는 큰 힘을 얻을 수도 있다.

율은 도덕이라는 과목이 왜 필요한지 모르겠다고 한다. 율의 입장에서는 당연히 그렇게 생각할 수도 있지만 도덕은 사람, 인간이라면 꼭 배우고 가져야 할 중요한 것이다. 모든 인간들이 도덕적이어야 한다는 말은 아니다. 적어도 인간으로 태어났으면 비도덕적인 행동은 하지 말자는 의미이다. 앞으로는 율이 겪은 것처럼 비도덕적인 상황이 발생하지 않는 밝은 미래가 있기를 희망한다.

"인생은 일직선 도로라 우리는 계속해서 앞으로 가야 하잖아요. 이때 이미 벌어진 일은 툭 튀어나온 채 방치하는 게 아니라 내 인생 도로에 통합해서 잘 데리고 가야 해요."

_ 김초롱, 《제가 참사 생존자인가요》, 아몬드, 2023., 148쪽

나는 이 문장을 보고 힘들어하는 글쓴이에게 조언해주는 전문 상담가의 말이 와닿았다. 인생은 일직선 도로여서 우리는 늘 앞을 보고 나아가야 하고 이 일직선 도로 위에서 앞으로 나아가는 도중 장애물이나 어떤 사건이 끼어드는데, 우리는 이것을 방치하거나 무시를 하면 안 된다. 이것은 나중에 더 큰 아픔으로 지속될 수 있기 때문이다.

이 책에서도 글쓴이는 중학교 시절 트라우마를 방치하다가 참사 후 다시 발현해서 힘들어하고 있다. 그 중학교 시절 사건을 더 자세히 살펴보면, 글쓴이의 반에 A라는 외향적이고 친구들과 잘 어울리는, 흔히 말하는 분위기 메이커인 친구가 있었는데, 글쓴이는 이런 A와 친했다. 둘은 공부를 잘했다. 이런 A와 단짝이지만 정반대인 친구 B가 있었다. 친구 B는 공부를 잘하지 못했고, 미용고로 갈 계획이었지만, 수행평가 점수라도 만점을 받을 생각이었다. 그런데 수행평가 당일 B의 수행평가 과제가 사라졌는데, 알고 보니 단짝친구 A가 수행평가 만점을 받기 위해 B의 것을 훔친 것이었다. B는 이 사실을 알고 글쓴이에게 자신의 것을 돌려주라고 A에게 말할 것을 부탁했고, 글쓴이는 그것을 들어주었다. 그렇지만 A는 글쓴이와 언쟁을 벌이게 되었고, 글쓴이와의 언쟁을 마지막으로 A는 스스로 생을 마감했다. 그리고 글쓴이는 이 A가 죽게 된 모든 일이 자기 때문이라고 생각했다. 하지만 알고 보니 A는 이미 학업 스트레스를 많이 받고 있었고, 이미 압박을 받은 상태에서 그 자리에서 팡 터져버린 것이었다.

 이처럼 글쓴이와 같이 트라우마는 가만히 방치해 둔다고 나아지는 것도 아니고 나중에 발현되면 더 마음이 아픈 법이다.

"그니까 얼마 전까지는 당신을 보는 게 너무 괴롭고 짜증났어. 이해 못하는 건 아니지만 언제까지 그렇게 방에 박혀서 꼼짝않고, 나랑 한 마디도 안 하고 지내는 걸 보는 게. (중략) 근데 아까 당신이 보던 사진, 우리 가족사진이지? 어제 했던 말들 미안해. 당신이 괜찮아지면, 가족사진 다시 찍어보자. 그 사진 예인이한테 보여주게."

_ 문지유 외, 《흔들리는 지하철 안에서》, 부카, 2020., 72쪽

나는 이 문장을 보고 형철이 대단하다고 느껴졌다. 나였으면 사과하기 어려워하는 성격이라 형철처럼 먼저 사과하기 힘들 것 같은데 자신의 잘못한 점은 인정하고 사과하는 모습이 대단하다고 생각했다. 또 혜선이 가만히 누워만 있지 않고 방에서 나와 자신의 얼굴을 보고 지금까지 했던 행동들을 살펴보는 장면과 계란 프라이를 굽는 장면이 나오는데 여기서 혜선이 무기력함에서 빠져나오려는 기미가 보이는 것 같다. 형철이 가족사진을 다시 찍자고 했는데 자신의 딸, 예인이 없는 가족사진은 뭔가 허전할 것 같지만, 혜선이 십몇 년 간의 무기력함에서 빠져 나오려면 꼭 해야 할 것 같은 장면이 나온 것 같다. 앞으로 혜선이 형철의 사과로 인해서 점점 더 무기력함에서 빠져나오고, 원래의 모습을 되찾을 수 있으면 좋겠다. 이대로만 간다면 혜선은 곧 원래 모습을 되찾을 듯하다.

그리고 이 장면 전에 혜선이 혼잣말로 자신의 죽은 딸에게 미안하다고 말하는 장면이 나왔었는데. 혜선이 예인의 떠나는 길도 제대로 챙겨 주지 못해서 미안한 마음에 그렇게 말한 것 같다. 또 혜선이 가족사진을 보았던 장면도 혜선이 무기력함에서 빠져나올 수 있는 것에 큰 관련이 있는 것 같다.

  또 형철이 먼저 딸 예인이를 떠나보낸 후 자신의 아내, 혜선도 힘들어하니까 혜선마저 잃을까봐 돈을 악착같이 벌어온다고 말하는 장면이 조금 감동적이었다. 그럼에도 불구하고 혜선은 아무 말도 없이 그냥 가만히 방에 누워서 휴대폰만 하고 있는데, 그걸 10년이 넘게 참은 형철이 정말 대단하고 본받고 싶은 점이었다. 꼭 혜선이 형철의 노력을 알고 무기력함에서 빠져나오길 바란다.

왜 사람들은 내게 호의를 가지지 않을까? 내가 가난해서? 나이가 어려서? 공부만 해서? 말이 없어서?

_ 박에스더 외, 《3월 2일, 시작의 날》, 자음과모음, 2024., 150쪽

아민이는 중학교를 자퇴하고 검정고시 합격 후 수능을 쳐서 대학에 입학했다. 평화롭게 대학 생활을 하던 중 이상하게도 사람들이 아민을 피한다고 느낀다. 왜 그럴까. 아마도 아민이의 남들보다 떨어지는 사회성 때문이라고 생각한다. 일단 고등학교 생활을 친구들과 보내지 못했기 때문에 사회성이 떨어져서 사람들이 아민이를 피하지 않을까라고 생각이 든다.

사람들은 저 문장처럼 누구나 다른 사람의 시선을 신경 쓴다. 아민이도 그렇고, 나도 남들의 시선을 신경 쓴 적이 많다. 사회적 체면 때문에 처음 보는 사람에게 일부러 착하게, 호의적으로 대하고 그랬던 적이 있는데 내가 노력한 것에 비해 막상 사람들은 그렇게까지 나에게 호의적인 태도를 보여주지 않거나 내가 생각하기에 그렇게 좋은 반응은 아니어서 내가 별로인가, 내가 싫은가, 내가 마음에 들지 않은가, 이런 생각들을 한 적이 꽤 있다.

나뿐만 아니라 모두가 그런 생각을 해봤다고 생각한다. 솔직히 이런 고민은 아민이 말고도 누구나 생각해볼 만한 고민이고, 누구나 겪을 수 있는 고민과 경험이기 때문에 이 문장을 읽은 사람들은 각자 자신의 경험 최소 하나는 떠오를 것이라고 생각이 된다.

그리고 이 문장을 읽어 보니 과연 내가 사회적 체면을 위해 모든 사람들에게 친절하게 대하고 호의적인 태도를 보여줘야 하는지, 차라리 혼자 다니는 것이 훨씬 편하고 좋을지, 아니면 그냥 사람들이 나에게 다가오기 꺼려하는지 이런 생각이 든다.

앞으로도 그런 상황들을 수없이 겪어볼 텐데 아민은 과연 지금처럼 생각만 하고 있을지, 아니면 과연 진정한 친구를 사귈지 궁금증을 자아낸다. 또한 아민은 사람들이 왜 자신에게만 호의적인 태도를 보여주지 않는지 궁금해 하고 있는데, 대체 얼마나 아민의 사회성이 심각하면 사람들이 저렇게 아민이를 피할까라는 생각도 든다.

상처받고 아파하는 거 말고 차라리 내가 상처 주는 쪽을 택하는 거.

_ 손원평, 《아몬드》, 창비, 2017., 160쪽

인간관계에서의 갈등과 상처를 피하고 싶어 하는 곤이의 마음이 아주 잘 드러난 부분이다. 인간관계의 시작은 다른 사람에게 가지는 호감, 즉 사랑일 것이다. 사랑으로 시작해서 서로 관계를 오래 맺어가다 보면 결국 상처를 주고받게 된다. 그래서 곤이는 더 이상 사랑이라는 것을 하고 싶지 않다고 한 것 같다. 상처받기 싫은 곤이의 솔직한 마음을 아주 잘 알 수 있다.

사랑하는 상대가 나에게 상처를 준다는 것은 슬픈 일이다. 상대의 사랑 감정을 제대로 받지 못한다는 아픔, 내가 주는 만큼 받지 못한다는 묘한 배신감 같은 것을 느낄 것 같다. 곤이는 이런 상처를 많이 받은 인물인 것 같다.

그리고 인간관계에서의 갈등을 피하고 싶어 하는 곤이의 마음에도 공감한다. 왜냐하면, 나도 곤이처럼 이 알다가도 모를 인간관계에서의 갈등을 수도 없이 겪어 왔기 때문이다. 인간관계에서의 갈등은 누구나 겪어봤고, 지금도 겪고 있을 수도 있는데, 인간관계 특징이 일단 감정 소모가 심하고 마음의 상처가 오래간다는 것이다.

나도 초등학생 때 친구랑 크게 싸우고 관계를 끊은 적이 있는데, 그때 걔가 학교에서 매일 만날 때마다 나를 째려보고, 어깨를 부딪치고, 뒤에서 내 험담을 하고 난리도 아니었다. 친했던 사람이 그렇게 하고 다녀서 마음의 상처를 많이 받았다. 이후 더 좋은 친구들이랑 다니면서 좋은 추억 쌓아서 그나마 인류애가 박살 나지 않은 것 같은데, 윤재는 정말 안타까운 상황인 것 같다.

이 문장은 《아몬드》에서 감정과 관계의 본질이 아주 잘 나타나는 문장들 중 하나여서 그런지 인상 깊었다.

"어쩌면 부모 역시 자녀로부터 독립할 필요가 있는 건지도 몰랐다."

_ 이희영, <페인트>, 창비, 2023., 160쪽

청소년들이 보기에 이 문장은 매우 흥미로울 것이다. 우리 중 누군가는 이런 생각을 해봤을 수도 있을 것이다. 어릴 때 독립이라는 단어를 떠올리면 '그냥 부모님이랑 같이 살지 않고 따로 사는 것이 독립 아닌가?'라고 생각했다. 어릴 때 생각한 그것도 맞지만, 지금 생각하는 독립은 자기 힘으로, 스스로 살아가는 것이 중요한 포인트라고 생각한다. 그렇지 않다면 독립했다고 말할 수 없다.

자녀가 부모로부터 독립한다는 말은 누구에게나 익숙한 말이지만, 부모가 자녀로부터 독립한다는 말은 처음 들어본, 참신한 문장이다. 이 책의 주인공은 부모가 정신적으로 경제적으로 독립이 필요하다는 이유로 버림을 받아 NC센터에서 키워진 걸로 알고 있는데 (아무리 그래도 자식을 버리는 건 좀..), 그래서 그런지 나는 부모님과 서로 적당히 어느 정도는 독립했지만, 버림받지는 않아서 다행이라는 생각이 들며 감사한 마음이 들기도 한다.

부모는 자녀를 키우면서 정신적으로나 경제적으로 스스로 혼자 살고 싶다는 생각을 가끔을 할 수 있다고 생각한다. 그렇게 생각하면 부모가 자녀로부터 독립이 필요하다는 것은 맞는 말이다. 난 이 문장을 보고 부모님께서 나를 키우면서 많이 힘들었을 텐데도 불구하고 적당하게 키워 주셔서 감사하다는 생각이 든다.

강상준의 문장들

눈앞에 출구가 보이지 않을 때 온 힘을 다해 다른 선택지를 찾는 건 도망이 아니라 기도니까.

_ 김애란, 《이중 하나는 거짓말》, 문학동네, 2024., 182쪽

아버지가 나에게 아쉬운 소리를 한 것은 딱 한 번이었던 것 같다. 열아홉 살에서 스무 살로 넘어가던 그 겨울에 아버지는 장남 앞에서 작아지셨다. 그리고 단 한 번도 장남에게 진 적이 없던 그는 처음으로 졌다. 경상도 가부장 남성이 표현할 수 있는 최대한의 항복 표현이었지만, 자신의 목표만 생각하던 철없던 장남은 아랑곳하지 않은 밤이었다.

수능이 끝나고 원서를 작성하기 위해 진학 상담을 집중적으로 하던 시기였다. 나는 수능을 망쳤다. 지금 생각하면 평소 실력대로 나온 점수였지만, 당시에는 받아들여지지 않았다. 사설 모의고사는 둘째 치고 평가원에서 낸 모의고사 성적보다도 많이 낮았다. 평소 성적보다 낮은 성적을 받은 수험생은 당연하게도 크게 두 가지 선택지 중 하나를 골라야 한다. 과감한 상향 지원 후 재수의 길로 들어설 것인지, 아니면 점수에 맞춰서 안정적인 대학 진학의 길로 갈 것인지.

사실 집안 사정을 생각하면 점수에 맞춰서 국립대 안정적으로 입학할 수 있는 학과를 선택하는 것이 맞았다. 건설 현장에서 일용직을 하시던 아버지는 IMF

이후 벌이가 많이 줄었다. 지역 건설 업체들의 연쇄 도산으로 일거리가 많이 없어진 탓이었다. 결국 3교대 섬유 공장을 다니며 원단 검수를 하시던 어머니의 벌이에 의지해 빠듯하게 살고 있었으니, 나라도 등록금 저렴한 학교로 빨리 진학해서 취업을 준비하는 것이 맞았다.

지금이라면 그렇게 진학해서 전과를 노리거나 원래 희망하던 장래희망이 아닌 다른 직업을 찾았을지 모른다. 게다가 주위 어른들도 너나 할 것 없이 다들 그 길을 제시하고 설득하셨다. 원체 어른들 말을 잘 듣고, 반항 한 번 없던 아들이자 학생이라 그렇게 가도 이상하지 않았다. 그런데 신기하게도 딱 그때, 저 깊숙하게 숨어 있던 반항심이 고개를 들었다. 그냥 내가 원래 생각하던 대학교와 학과에 도전하고 싶다는 생각이 들었다.

부모님께 물려받은 것 중에 가장 장점이자 단점이 고집이 세다는 것이다. 한 번 아닌 것은 끝까지 아니고, 한 번 맞다고 생각한 것은 죽었다 깨어나도 맞는 것이다. 나는 꼭 이 지역 국립대 국어교육과를 가고 싶었다. 담임선생님과 부모님은 국립대 다른 학과 또는 지역 사립대 국어교육과 쓰는 것을 추천하셨지만, 그러고 싶지 않았다. 여기서 한 번 굽히면 평생 꿈 한 번 제대로 못 꾸고, 못 이룰 것 같다는, 그러니까 인생의 꺾일 것 같다는 생각이 들었다.

 기적은 없었다. 지역 국립대 국어교육과 후보 7번. 추가 합격은 6명이었다. 나머지 원서도 다 떨어졌다. 내 인생에서 처음으로 겪은 큰 실패였다. 큰 충격이긴 했지만, 인생이 여기서 끝날 것은 아니니까 앞으로 어떻게 할 것인지 계획을 세워야 했다. 나는 똑같이 대학교에 떨어진 친구와 어느 재수 학원에 등록할지 이야기를 나눴다. 최근에 생긴 S학원에 좋은 강사들이 많이 몰린다고 해서 거기 등록하자는 의기투합까지 마쳤다. 집안 경제 사정이 녹록하지 않은 것은 알았지만, 당시 스무 살 초반의 나는 그래도 아들이 원하는 대학교 가서 장래희망을 이루고 싶다는데 설마 부모가 지원 안 해주겠냐는 이기적인 마음을 가지고 있었던 것 같다. 그렇게 갈 학원을 정하고 학원에 상담하러 갈 날짜도 정했다. 그 과정에서 부모님께서는 별 말씀이 없으셨던 것으로 기억한다. 나중에 안 사실이지만, 고등학교 3년 간 제대로 공부 뒷바라지 못해줬다는 죄책감 때문에 아무 말씀을 하지 않으셨다고 했다.

학원 상담 전날 밤. 아버지는 소주잔을 기울이시다가 갑자기 나를 술상 앞에 불러 앉히셨다. 그리고 술을 한 잔 권하셨다. 할머니가 나에게 고스톱을 알려줬다고 불 같이 화를 내고, 나에게 술을 권하던 이모에게 알게 모르게 눈치를 주던 아버지셨다. 일단 주시는 잔에 술을 받고 마셨다.

그리고 아버지는 살짝 한숨을 쉬고 말씀을 시작하셨다. 재수 학원 말고 공무원 학원 등록해서 7급이나 9급 시험 준비하면 안 되겠냐고. 재수학원은 1년 학원비가 엄청나게 드는데 집에서 그것 밀어주기 힘들다고. 그 돈으로 공무원 시험 준비하는 학원 등록해서 바로 합격하면 공무원 생활 시작할 수 있다고. 그런데 그 목소리에 힘이 없었다. 예전 같으면 강하게 명령을 하셨을 분이다. 그렇게 하라고. 안 하면 안 된다고. 그런데 이번에는 주저하며 부탁하는 느낌이었다.

그렇지만 남들 가는 대학 꼭 가고 싶다는 철없는 장남은 그런 분위기를 파악하지 못하고 고집을 부렸다.

재수 학원 가야겠다고. 나는 그래서 원하는 대학, 원하는 학과에 꼭 갈 것이고, 그렇게 되게 만들 자신이 있다고.

아버지도 안다. 그리고 자식을 대학에 보내고 싶은 마음이 누구보다 크신 분이셨다. 자신이 초등학교 졸업을 간신히 했기 때문에 배움에 대한 열망이 엄청 크셨다. 그런데 그런 분이 아들에게 대학 가지 말고 공무원하면 안 되겠냐고 말씀하신 것은 아들에게 하는 간절한 기도셨다. 해주고 싶은데 해주기 어려우니 제발 날 좀 도와달라는 이야기셨다.

눈앞에 출구가 보이지 않으면 사람들은 크게 두 가지 선택 앞에 놓인다. 출구를 어떻게든 찾거나 만드는 선택과 다른 길을 찾기 위해 온 힘을 다해 다른 길로 돌아가는 선택. 우리는 전자를 용기 있다고, 대단하다고 말하고 후자를 도망갔다고, 비겁하다고 쉽게 이야기해 버린다. 나는 아버지를 비겁하다고 생각했던 것 같다. 자식이 공부하겠다는데 왜 저런 말을 할까 하는 생각을 했다.

그렇지만 그것은 도망을 간 것이 아니었다. 아들에게 온 힘을 다해 한 부탁이었다. 제발 자기 이야기를 들어달라는 기도였을지도 모른다. 그런데 그 기도를 나는 외면했다. 이기적인 아들은 아버지의 마음에 그렇게 비수를 하나 또 꽂았다.

다음날, 재수 학원을 등록하러 가는 길에 보이는 공무원 학원에서 눈을 못 떼시는 아버지의 모습을 보며, 그때의 나는 서운했다. 아들의 앞길을 막는다고 생각했다. 20년 정도가 지난 지금의 나는 아버지의 그 슬픈 눈을 어렴풋이 이해할 수 있게 되었다. 아버지라고 그러고 싶었겠는가. 형편이 그런 것을. 자식은 없지만, 매년 30명 가까이 되는 자식들을 보는 심정으로 그때 아버지의 마음을 어렴풋하게 짐작할 뿐이다.

사람은 왜 선(線)을 넘는가.

_ 정이현,《달콤한 나의 도시》, 문학과지성사, 2006., 205쪽

2년 전에 MBTI 검사를 정식으로 받아본 적이 있다. ISTP가 나왔다. ISTP 성향을 한 단어로 요약한다면 개인주의다. 누군가 선을 넘어서 내 영역에 들어오는 것을 불편해하고, 그것이 불편한 것을 알기 때문에 선을 넘어 다른 사람의 영역에 들어가는 것을 매우 경계한다. 그러다 보니 주변 사람들을 신경을 안 쓰는 것 같으면서도 꽤 신경을 쓰는 편이다.

얼마 전에 술자리에서 수염 이야기가 나온 적이 있다. 전기면도기로는 수염이 잘 안 깎여서 날면도기를 쓰고 있는데, 최근에 귀찮기도 하고, 면도를 할 때마다 피부가 따가운 것도 싫어서 최대한 면도를 미뤘다가 하고 있다. 그래서 수염이 덥수룩한 채로 생활을 하는 경우가 많았다.

면도를 2주 정도 안 하고 있던 상태였는데, 옆자리에 앉은 사람이 대뜸, 면도 안 하냐고 묻는 것이다. 속으로 기분이 살짝 상했다. '내가 면도를 하든가 말든가, 왜 갑자기 이러지?'라는 생각이 머리를 스쳐 지나갔다. 그래도 사람은 눈을 가지고 있다 보니 보이는 대로 반사적으로 그런 말을 할 수 있다고 생각해서 애써

미소를 지으며 대답하지 않은 채 넘어가려고 했다. 피부가 따갑다거나, 요즘 좀 시간도 없고 귀찮다고 이야기해봤자 그것을 면도 안 하는 이유로 인정하지 않을 것 같다는 촉이 왔기 때문이다.

보통 웃으면서 넘기면 면도 좀 하라는 말 정도로 대화가 종료된다. 그런데 이 날은 이상하게 대화가 이어지기 시작했다. 면도를 해야 사람이 좀 깔끔하게 보인다, 깔끔하게 자기를 꾸미고 다녀야 짝이 생긴다, 40대인데 계속 혼자 살 수는 없지 않느냐, 이제는 가정을 꾸려야 한다, 면도 어려우면 제모를 하는 방법도 있다, 등 면도에서 결혼 이야기로 막 넘어가며 나를 제외한 그 테이블 사람들의 이야기꽃이 피기 시작했다. 나 빼고 다 화기애애했다.

사람들은 술자리에서 술이 얼큰해지면 다른 사람 이야기를 하는 경우가 많다. 그리고 조심해서 단어를 골라 이야기하기보다 조심성 없이 자기 말하고 싶은 대로 떠드는 경향이 강하다. 특히 자리에 그 대상이 있을 때 그 경향이 심해지는 사람들이 있다. 자기는 뒷담화를 하지 않고 앞에서 당당하게 이야기한다고. 그렇게 이야기해야 뒤끝이 없다고.

    다들 화기애애하게 진행했던 내 면도 이야기는 나 빼고 모두 재미있었다. 정작 수염을 기른 당사자인 나는 기분이 좋지 않았다. 자기 몸을 해하는 것을 제외하고 본인 신체에 대해서 어떻게 할지는 결정할 수 있는 자유가 있다. 장발을 하든, 삭발을 하든, 화장을 하든, 귀걸이를 하든, 팔찌를 차든, 수염을 기르든 모두 개인 신체의 자유에 해당하는 것이다. 그런데 개인의 자유에 대해서 다른 사람이 왈가왈부하다니. 그것은 지켜야 하는 선을 넘은 것이라 생각이 들었다. 그래서 기분이 좋지 않았다.

    다른 사람의 인생에 함부로 충고, 조언, 평가, 판단하는 것은 선을 넘는 일이다. 게다가 당사자가 기분이 나쁘고, 주변 사람들이 재미있는 것은 괴롭히는 것이다. 장난은 서로가 즐거워야 하고, 충고나 조언이 되려면 듣는 사람에게 깨달음이 있어야 하는데, 불쾌하고 깨달을 점이 없는 이야기라면 그냥 선을 넘어 들어와서 참견하는 것이다. 마치 집안에 낯선 사람이 들어와 집안 가구 배치며 식단까지 당사자는 원하지도 않았는데 미주알고주알 따지는 것과 같다. 그리고 그렇게 선을 넘는 것은 무례한 일이다.

  나는 절대 나이 들어 다른 사람에게 함부로 조언하지 않겠다고 다짐하고 실천하려고 노력한다. 나도 내 수염에 대해 이야기한 사람처럼 타인에게 불쾌함을 선물할 수 있으니까. 내가 기분 나쁜 것은 상대도 기분 나쁠 확률이 높다. 같은 사람인데 느끼는 바가 비슷할 수밖에 없지 않을까.

  그래서 누군가 예전에 했던 "나이가 들면 입은 닫고 지갑은 열라."라는 말을 실천하려고 노력한다. 그런데 가끔 이 결심이 무너질 때가 있다. 나도 모르게 일장연설을 늘어놓을 때가 생긴다. 특히 나보다 경험이 조금 짧은 사람이 고민을 털어놓으면 그것을 해결해 주고 싶어서 말이 많아진다. 한참 이야기를 하고 집에 와서 돌이켜 보면 내가 그렇게 불쾌해하던 함부로 충고, 조언, 평가, 판단을 한 것 같아 미안한 마음이 생긴다.

  점점 나이를 먹으면서 어릴 때 봤던 어른들의 선 넘는 언행이 그 나이에 생기는 어쩔 수 없는 행동이라고 이해가 되면서도, 다 그렇게 되지는 않기 때문에 나는 그러고 싶지 않다, 닮기 싫다는 거부감이 함께 든다. 선을 넘지도 않고, 넘어오지도 못하게 하고 싶다는 생각이 많이 든다.

저자 소개

권소윤

해야 할 일이 아무것도 없는 오전에 낮잠 자는 것을 좋아한다.
공포 영화보다는 코미디 영화를 더 좋아한다.
잔잔한 발라드보다는 신나는 노래를 더 좋아한다.
선선한 가을을 좋아한다.
아무것도 안 하기보다는 움직이는 것을 더 좋아한다.
소설에서 주인공이 성공하는 장면보다는 위기에 처한 장면을 더 좋아한다.
착한 사람보다는 매력적인 사람을 더 좋아한다.
구름 한 점 없이 맑은 하늘을 좋아한다.

김서영

내가 중학교에 입학한 2024년에는 민희진-HYBE 간

ADOR 경영권 분쟁. 북한의 오물 풍선 살포 사건. 비상계엄 같은 굵직한 사건이 있었고, 문화면에서는 2024년의 발로란트 챔피언스가 8월 1일부터 25일까지 서울에서 개최. 시청률 12.0%를 찍은 드라마 '내 남편과 결혼해줘' 방영. 누적 관람객 수 11,914,784명으로 1위였던 영화 '파묘' 개봉과 같은 일이 눈길을 끌었다. 특히 이 해에 유행했던 원영적 사고 '완전 럭키비키잔앙'. 지예은의 '자중해'. 티라미수 케익에 'T라 미숙해' 등 여러 가지 밈과 유행어가 있었고 이것보다 더 많은 밈을 알고 있는 '나'는 나의 MBTI 중 가장 큰 퍼센트를 가지고 있는 'E' 성향이 독보적으로 보이는 것 같다.

김현서

저는 찹쌀떡 같습니다. 찹쌀떡은 말랑하면서도 속 재료가 알차게 차 있는 맛있는 떡입니다. 하지만 씹지 않으면 찹쌀떡의 가장 중요한 속을 알 수 없습니다. 저도 그런 사람입니다. 그래서 저는 저와 글로 만나는 여러분들이 제 글을 읽고 저의 속을 하나씩만이라도 알아 가셔서 함께 마음을 나눌 수 있길 바랍니다.

나소윤

집을 일찍 나서는 것을 좋아한다.
직접 냄새를 맡는 것보다 자연스럽게 맡게 되는 냄새를 더 좋아한다.
비가 내린 뒤의 냄새를 맡는 것을 좋아한다.
내가 관심을 받는 것이 아닌 관심을 가지는 것을 더 좋아한다.
공감을 해줘야 하는 이야기를 듣는 것보다 공감을 해주면 좋을 것 같은 이야기를 털어놓는 것을 더 좋아한다.
'그러면 안 돼'보다 '그럴 수 있지'를 더 좋아한다.
이러한 생각들 덕분에 지금의 '나소윤'을 만들 수 있었던 것 같다.

박수민

책쓰기 동아리라는 곳에서 글을 쓰면서 처음에는 힘들었지만 쓰다 보니 쓰는 일에 속도도 붙고, 글을 쓰는 행동에 익숙해져서 좋았다. 어떤 문장을 쓰고 문장에 대해 어떤 말을 적어야 할지 고민이 많았다. 고민을 하는 동안 힘들었지만, 그 결과물을 다시 읽고 있으니 뿌듯하다.

박지안

어릴 때부터 밖에서 여럿이 어울려 놀기보단 혼자 상상하며 노는 것을 좋아했던 아이는, 지금도 활동적인 것보단 혼자 상상의 나래를 펼치며 노는 것을 더 좋아한다. 설레는 로맨스도 좋지만 그보다는 눈물을 흘릴 수 있는 슬픈 스토리를 좋아하는, 책보다 핸드폰으로 볼 수 있는 영화, 드라마를 좋아하는 지극히 평범한 학생이다.

이정민

2011년 해오름달 어느 날, 이 책 한 부분을 맡고 있는 내가 태어났다. 만약 내가 조금이라도 더 늦게, 아니면 더 일찍 태어났으면 지금의 모습으로 완성된 책을 보지 못했을 것이다. 태어나고 자라면서 걸음마도 배우고, 수많은 일을 겪었지만, 글쓰기는 이번이 처음이라 조금은 어리숙한 면모가 있겠지만 오늘을 위해 열심히 썼으니 이 책의 한 부분을 잘 읽어주길.

이채현

중학교에 다니고 있는 아마도 평범한 학생으로, 책쓰기 동아리에 열심히 참여하고 있다. 완벽한 것을 좋아하기만 하고 실천을 하지 않는다는 특징이 있다. 모든 것을 귀찮아해서 나중에 후회할 것을 알고 있으면서도 시험기간에 굳이 벼락치기를 할 만큼 대문자 P다. 학교에만 오면 '집에 가고 싶다'라고 느껴 강력한 귀소본능을 보인다.

에필로그

이 책을 어떻게 썼냐면

첫. 길잡이 책 읽기

항상 책쓰기 동아리를 운영할 때는 기획자 머리에 있는 콘셉트를 보여줄 수 있는 길잡이 책을 읽히는 편이다. 책을 읽히면 교사가 설명하는 것보다 더 효율적인 부분이 많다.

우선, 학생들의 콘셉트 이해도가 교사의 직접적인 설명에 비해 확실히 높아진다. 자기가 지금 읽고 있는 책 같은 글을 써야 하고, 자신들이 쓴 글이 모여 지금 읽고 있는 책처럼 만들어진다고 생각하고 길잡이 책을 읽기 때문에 콘셉트를 체득할 수밖에 없다.

두 번째로 교사가 의도하지 않은 형태로 발전하기도

한다. 교사는 한 명이고, 학생은 여러 명이다. 집단 지성이 발휘될 수 있다. 혼자 생각하는 것보다 집단 지성은 꽤 괜찮은 결과물을 낼 가능성이 높다. 학생들의 더욱 좋은 생각은 책 콘셉트를 수정해서라고 반영한다. 그러면 더 좋은 책으로 발전하는 것은 당연하다. 학생들의 책에 대한 애착심도 더 생기고.

세 번째로 교사의 수고를 덜 수 있다. 현실적으로 중학교에서 동아리 활동 때문에 학년 초에 학생들을 모아서 설명할 물리적인 시간 확보 자체가 어렵다. 직접 설명하기 위해 교사가 준비해야 할 자료도 많아지고. 그런데 책을 제시하면 교사가 설명할 분량도 짧아진다. 대략적인 설명 후 그 설명 확인은 책을 읽으며 하면 된다고 이야기하면 학생들이 중요한 포인트를 잘 집는다. 학생을 믿고 맡기면 교사의 수고를 확실히 덜 수 있다. 그 덜어낸 수고는 실제 학생들 글을 볼 때 활용하면 좋다.

《문장, 고민하다 2》의 경우 비슷한 콘셉트의 책이 많다. 그중 두 권을 학생들에게 제시했다. 《문장, 고민하다》(대구중 인본주의)와 《시의 문장들》(김이경). 두

권을 선택한 이유는, 우선 《문장, 고민하다》는 실제 중학교 1학년 학생들이 썼기 때문에 자신들이 써야 할 글의 분량이나 내용 구성을 살펴볼 수 있고, 완전 잘 쓴 전문 작가의 글만 책이 되지 않는다는 점을 깨달아 책 쓰기에 좀 더 자신감을 가질 수 있게 하기 때문이다. 《시의 문장들》의 경우 《문장, 고민하다》의 고급 버전으로 보여줬다. 이 정도 수준의 글을 목표로 글을 써보자는 의미다. 시 구절이 소재이긴 하지만, 작가님 자체가 글을 담백하고 맛있으며 이해하기 쉬운 구조로 잘 쓰신다고 생각한다. 그래서 중학생들에게도 자신감 있게 이 책을 권한다.

둘. 독서 일지 남기기

전일제 동아리 때 읽고 싶은 책을 동아리 지원 예산으로 사 준다. 학생들은 그러면 교사가 정한 권수나 금액 안에서 자기가 진짜 읽고 싶은 책을 골라 온다. 그러면 카드로 시원하게 결제를 하고, 책을 나눠준다. 나눠주면서 이런 말을 함께 한다. "간단히 기록하는 활동 하나 할 거야."

그 기록은 기록지 양식을 보면 실제 간단하다. 기록지 양식은 구글클래스룸을 통해 학생들에게 배부한다. 학생들은 아래 제시된 표를 1주일에 최소 3개씩 적는다.

책 제목		글쓴이 (저자)	
읽은 날짜		읽은 쪽수	
인상 깊은 문장			
문장을 보며 든 생각	띄어쓰기 포함 1,000자 이상		
누구에게 이 문장을 보여주고 싶은가			
보여주고 싶은 이유는?			
지금까지 읽으면서 든 생각			

 이렇게 기록을 남기는 작업을 9월 둘째 주까지 거의 매주 진행했다.

셋. 초고 쓰기

이 기록을 바탕으로 초고를 쓰도록 구글클래스룸에 양식을 공유한다. 완성 기간 2주 정도 준다.

〈조건〉
1. 인상 깊은 문장은 책 한 권에서 한 문장만 뽑을 것
2. 문장을 보며 든 생각은 800자 이상 작성할 것
3. 인상 깊은 문장은 8개 쓸 것

인상 깊은 문장	
작가명, 책 제목, 출판사, 출판연도, 문장이 있던 쪽수	
문장을 보며 든 생각	

조건 중 가장 중요한 것은 문장을 8개 쓰라고 한 부분이다. 사실 학생들의 원고 중 5-6개 정도만 살려 쓸

예정이었다. 그런데 왜 8개를 받느냐고 하면, 개수를 딱 맞춰서 받으면 그중 꼭 한 두 편은 글을 책에 싣기 어려운 수준의 글이 나오기도 한다. 다른 학생들의 참여가 저조할 수도 있고. 그래서 최대한 초고는 많이 쓰도록 했다.

넷. 고쳐쓰기

고쳐 쓰는 작업은 교사 첨삭과 학생 첨삭으로 진행했다. 교사 첨삭은 동아리 예산 중 일부를 편집위원 수당으로 배정했다. 주변을 수소문해서 다른 학교에 재직하시는, 또는 휴직 중이신 국어 교사를 찾아 연락을 드리고 섭외를 했다. 확실히 다른 학교 선생님의 시선으로 읽으면 자연스럽게 학생 개인에 대한 선입견이 생기지 않아서 조언도 좀 더 날카롭고, 글을 다듬는 것도 좀 더 과감하게 하기도 한다. 그래서 많은 도움이 되었다.

학생의 경우 구글클래스룸에 개별 과제로 부여, 자신의 초고를 붙여 넣어서 그 문서에서 고쳐쓰기를 하도록 지도했다.

이 작업 중 가장 힘들었던 점은 교사 첨삭과 학생 첨삭을 동시에 보면서 정리를 했던 부분이었는데, 내년에도 비슷하게 진행한다면 교사 첨삭을 조금 더 일찍 진행해야 할 것 같다. 그래야 학생들도 자기 글 고쳐쓰기할 때 도움이 많이 될 것이고, 나에게 가해지는 업무 압박도 줄어들 것이다.